Katsch Kodl

Tiermärchen aus Bayern

FRANZ XAVER VON SCHÖNWERTH

Katsch Kodl

Tiermärchen aus Bayern

ERIKA EICHENSEER (HRSG.)

VOLK VERLAG MÜNCHEN

Zu den Quellen:

Der Nachlass von F.X. von Schönwerth befindet sich im Besitz des Historischen Vereins im Stadtarchiv Regensburg.

Jedem Märchen ist, soweit bekannt, der Ort seiner Aufzeichnung beigegeben sowie die Quelle, aus der es für diesen Band entnommen wurde. Nicht alle Originaltexte haben eine Überschrift; sie wurde sinngemäß ergänzt.

Alle Illustrationen wurden von der Künstlerin Barbara Stefan für dieses Buch angefertigt.
www.barbarastefan.de

Die Deutsche Bibliothek verzeichnet diese Publikation in der Deutschen Nationalbibliografie; detaillierte bibliografische Daten sind im Internet über http://dnb.ddb.de abrufbar.

Neumarkter Straße 23, 81673 München
Tel. 089 / 420 79 69 80, Fax 089 / 420 79 69 86
www.volkverlag.de

Druck: Pustet Druck, Regensburg

ISBN 978-3-86222-422-7

INHALT

Mit Hufen und Pranken

Mit kalter Haut und flirrenden Flügeln

Dem Tod voraus

GELEITWORT

DR. HANSJÖRG WUNDERER, LEITER NATURKUNDEMUSEUM REGENSBURG I.R.

Schon immer hat der Mensch mit Tieren zu tun. Vor etlichen Millionen Jahren war er selbst noch ein Bestandteil der Tierwelt in den tropischen Wäldern und Savannen. In langen Zeiträumen schlug er einen eigenen Entwicklungsweg ein, hin zum Jäger und Sammler, der seinen Lebensraum mitsamt Pflanzen und kleineren Tieren nutzte und zunehmend ausgeklügelte Werkzeuge erfand, die ihm auch die Jagd auf größere Tiere ermöglichten: Daraus entstand bis vor einigen 10.000 Jahren die menschliche Kultur der Steinzeit, die Fertigkeiten und Erfindungen zur Verbesserung der Überlebenschancen innerhalb der kleinen Menschenhorden durch Tradition weitergab und kontinuierlich erweiterte.

Die Steinzeitjäger kultivierten auch eine Höhlenmalerei auf erstaunlich hohem künstlerischem Niveau, mit Darstellungen ihrer Jagdtiere auf der Grundlage minutiöser Beobachtung und Kenntnis von deren Verhalten und Charakterzügen. Sehr wahrscheinlich diente dieser für die Menschen sehr bedeutende Jagdzauber-Kult dem Versuch, auf mythische Art Zugang zur transzendentalen Seele der Tiere zu finden – ähnlich den späteren Schamanen, die in manchen Kulturkreisen bis heute agieren. Die ersehnten Beutetiere und der Jagderfolg waren schließlich überlebenswichtig für die damaligen Steinzeithorden!

In jüngerer Zeit wurden die Menschen sesshaft, entwickelten sich vom Sammler zum Ackerbauern, vom Jäger zum Tierzüchter, und stellten damit ihre Versorgung sicher. Dies markiert den

Beginn immer größerer Gemeinwesen und Siedlungen mit zunehmenden kulturellen Errungenschaften, aber auch mit wachsendem Abstand zur Natur. Intensiven Bezug gab es noch zu den Haus- und Nutztieren und zu dem Jagdkumpan Hund, dem Nachfahren der Wölfe, die sich irgendwann in der Steinzeit dem Menschen genähert und angeschlossen hatten. Das sie umgebende Naturszenario jedoch wird mit wachsendem kulturellem Abstand der Menschen als wild und unheimlich, undurchdringlich und sogar bedrohlich empfunden: der Wald mit verwunschenen, geheimen Orten und Verstecken, die Zugang zu mystischen Traumwelten gewähren; Berg und Fels, die ihr Inneres mit verlockenden Höhlen und Schätzen öffnen, sich aber auch zum Verlies und Schicksal wandeln können; der Stein, der sich durch wirksamen Zauber zum kostbaren Edelstein verwandelt; das lebensnotwendige Wasser, das Zauber und Heilkraft besitzt und Fabelwesen birgt, die heraussteigen und mit den Menschen Kontakt aufnehmen, diese aber auch mit in die Tiefe nehmen und verschlingen können.

In den vorliegenden Tiermärchen wird dieses Empfinden der Naturumgebung zwischen den Zeilen merklich – einer Natur, der man mit gespannter Neugier einerseits und andererseits mit schaudernder Furcht begegnet. In diese ambivalente Gefühlslage hinein wird eine Mystik projiziert, eine Geistes- und Traumwelt der Menschen mit allen Begehrlichkeiten und Wünschen, die sie in ihrer realen Lebenswelt nie erreichen können, und mit allen Ängsten und Schrecken, die sie fürchten und denen sie real niemals begegnen wollen. Durch solche Projektionen wird die Welt der umgebenden Natur und der Tiere zu einem Vehikel, realistisch Unerreichbares für einen Großteil der damals eher armen Bevölkerung doch erreichbar werden zu lassen, und zu einer Möglichkeit, über die Welt der Mythen Lebensweisheiten, moralische Grundsätze und erwünschte soziale Gerechtigkeit zu transferieren.

Die Tiere, die in den Märchen auftreten, sind gut bekannte Wildtiere wie Hase, Fuchs, Marder, Wiesel oder Haus- und Nutztiere wie Pferd, Kuh, Ziege, Katze oder gängige Jagdtiere: ein weißes Reh als verzauberte Fürstin, Bären und Wölfe als magisch begabte Jagdgesellen. Vögel wie Rabe und Krähe, auch der Hahn, sind listig und kluge Helfer, der Zaunkönig trickst den Adler aus, der Vogel Greiff bringt Bedrohung, die Taube fungiert als Königswählerin. Kater sind Helfer, aber auch bösartig und mit Hexen in Kontakt. Die Hausnatter gewährt Schutz, die Natternkrone ist ein Zaubermittel. Die hässliche Kröte kann eine verzauberte Jungfer sein, steht für Verwandlung, Zauberkraft, aber auch für Teufelsbezug. Der Rattenfänger lockt Kinder in den Berg, um seinen Lohn zu erzwingen, und ein Käfer mit wundersamen Schlüsseln rettet sie. Ein Ross- oder Mistkäfer hat Wunderkräfte und ist ein verzauberter Prinz.

Die Natur um den Menschen mitsamt ihren Pflanzen und vor allem den Tieren erscheint also in den von Schönwerth dokumentierten Tiermythen beseelt, voll mit Potentialen zum Wohle des Menschen, aber auch voller Gefahren, vor denen er sich in Acht nehmen soll. Diese Schlussfolgerung hat gerade für uns heutige Menschen eine enorm aktuelle Relevanz: Haben wir uns doch in den letzten 150 Jahren viel zu sehr angewöhnt, die Natur und ihre Lebewesen als pure Nutzobjekte zu betrachten, als Ressourcen, die für unsere hochentwickelte Wirtschaft beliebig und unbegrenzt zur Verfügung stehen. Ein tragischer Irrtum, der außer Acht gelassen hat, dass wir selbst integraler Bestandteil gerade jener Lebensräume sind, die wir mit unserer Supertechnik derartig ausbeuten, dass gerade jetzt die akute Gefahr besteht, tragende Kipp-Punkte dieses komplexen Natursystems zu tangieren. Ein so verursachter schlagartiger Zusammenbruch würde uns sämtliche bisherigen Lebensgrundlagen unter den Füßen wegziehen.

Ja, die Märchen deuten auf uns und sagen: Schaltet noch rechtzeitig auf den Vorsorge-Modus um, auch wenn dieser in eurem respektablen Denkapparat stark unterrepräsentiert ist! Sonst werden künftige Märchenerzähler berichten, dass es die Primaten-Art *Homo sapiens* zu einer rasanten Höchstentwicklung in erdgeschichtlich kürzester Zeit gebracht hat, jedoch durch Schädigung ihrer Lebenswelt in eine evolutionäre Sackgasse geraten und ausgestorben ist – wie Millionen Arten vor ihr. Deshalb habe man sich entschieden, ihr den Artnamen *sapiens* rückwirkend abzuerkennen und sie zutreffender nur noch als *Homo erectus* zu bezeichnen.

Die Mythen, Märchen, müssen von uns nicht gedeutet werden,
sie deuten auf uns.
Franz Vonessen

VORWORT

WELCH SELTSAMER TITEL!

Katsch Kodl: Welch seltsamer Titel! *Kodl* als Kater zu definieren, ist ja wohl nicht so schwer, aber *Katsch*? Vielleicht aus dem Englischen: *catch*? Die Vermutung scheint gar nicht verkehrt zu sein – die Schnelligkeit einer Katzenpfote, das blitzartige Zugreifen, die Unausweichlichkeit.

Das alles soll in den Tiermärchen verborgen sein?

Bei aller Bescheidenheit: Ein Muster an Brillanz zwischen Tat und Sprache, mit einem Hauch von Mundart, sind sie allemal. Ja, brillant sind sie, diese alten Geschichten von der Tierwelt, die den Mythen sehr nahe sind. Sie lesen sich wie ein bewusster Gegenpol zu dem, was man landläufig unter „Tiermärchen" verstehen mag – arglose Kuschelgeschichten, kindertauglich, auswechselbar. Nein, damit haben unsere Texte nichts gemein.

Überbordend vor Leben sind sie: Beinahe die ganze Besatzung der Arche Noah kommt hier aufmarschiert, jedes Mitglied einmalig und stolz, manchmal verletzbar, oft hilfreich und in magischen Fähigkeiten bewandert.

Von den Geflügelten und Gefiederten sind als Stellvertreter angetreten: Zaunkönig, Rabe, Krähe, Falke, der Vogel Greiff, natürlich auch der Schwan und ein Wundervogel. Die kleinen Vierbeiner kommen als Katz und Hund, Fuchs und Ferkel, als Wieserl oder Ratte an – Letztere gleich als ganze Meute. Reh, Geiß, Kälbchen, Stier und Pferd stapfen durch die Geschichten. Nicht zu vergessen die Käfer und Kröten mit ihrer sprichwörtlichen Zauberkraft! Wenn Zaubertränke gebraut werden, dürfen sie nicht fehlen, ganz gleich wie dick und hässlich, fett und grässlich sie beschrieben werden. Dass der Volksglaube auch immer wieder auf einen im Kopf von Kröten verborgenen Edelstein hinweist, zeigt, dass nichts im Leben nur eine Seite hat: großer Reichtum und funkelnde Schönheit verborgen im Niederen, Hässlichen. Welch wunderbares Bild! Nachzulesen im Märchen „Jodl, rutsch mir nach".

Die Tiere leben in diesen Geschichten anders, sie sind den Menschen näher, fühlen, leiden, erbarmen sich wie sie. Sie können vorausschauen, haben eine unzerstörbare Lebenskraft. Mit gigantischen Mächten können sie paktieren, diese aber auch kritisch, sogar mit Verachtung beäugen, Macht und Reichtum ad absurdum führen. Wenn es die Gerechtigkeit verlangt, scheuen sie nicht davor zurück, sich bitter zu rächen – und sie können uns Menschen auch in kleinen Dingen gehörig zum Narren halten (s. Katzengeschichten).

Schmusegeschichten sind es keine, in denen unsere Tiere die zentralen Rollen spielen, auch keine nostalgischen Verherrlichungen. Kein Wesen ist zu klein, keine Tat zu gering: Die alten Märchen spüren sogar dem Lebensplan des scheinbar unbedeutenden Mistkäfers nach, der ein halber Astronom sein soll und seine Informationen aus der Milchstraße bezieht (s. „Prinz Roßzwifl"). Die Weisheit der Tiere greift in tiefere Schichten der menschlichen Entwicklung und des Bewusstseins ein, macht zum Beispiel Verwandlungen des heranwachsenden Menschen sichtbar in der Verzauberung der jungen Leute in Katze, Kröte, Krähe …

Oft sind Tiere verwandelte Helfer (s. „Die Helfer"), die, wenn ihr Auftrag erfüllt ist, selbst ihren Tod verlangen müssen, damit sie ihre temporäre Hülle abstreifen und ihr wahres Wesen, das Wesentliche, offenbaren können – ein Bild, das oft Unverständnis, ja Abneigung gegen diese Märchen auslöst. Dabei ist es eine sehr treffende, berührende Metapher für die Transformation alles Lebendigen in den einzelnen Lebensabschnitten. Ein Abschnitt muss vollendet sein, ehe ein neuer beginnen kann.

Es schwebt ein Hauch von der Allgewalt der Natur in diesen Erzählungen. Eine Macht, der gewaltiges zerstörerisches Potenzial innewohnt, doch die sich weit öfter als Bewahrerin und Beschützerin zeigt, wenn die Texte von der Unschuld, der Lauterkeit, der Treue der Tiere berichten. Man möchte fast wie Franz Xaver von Schönwerth selbst glauben, sie seien die eigentlichen Götter, die herabgestiegen sind, um den Menschen zu helfen und um uns andere gangbarere Wege des eigenen Seins und des Miteinanders aufzuzeigen.

Sollten wir uns vielleicht einmal überlegen, ob wir nicht die Klugheit der Tiere zum Lehrmeister der Menschheit machen sollten? Unterstützung bekommt dieser Gedanke weit über die Märchen hinaus von unzähligen aktuellen Dokumentationen, die uns heutigen Weltbewohnern in atemberaubenden Bildern die Anpassungsfähigkeit der Tiere vor Augen führen, auch die der kleinsten Lebewesen: ihre Lebens- und Überlebensstrategien, ihr Vergehen und neues Werden.

Und sollten wir nicht auch angesichts der Pandemie und der so erzwungenen Entschleunigung menschlichen Tuns mit Aufmerksamkeit beobachten, wie sauber die Luft, wie still das Meer, wie klar die Flüsse geworden sind und wie sich der Lebensraum unserer Tiere erholen konnte?

Wie weit könnte er sich dauerhaft verbessern ohne die Gier des Menschen?

Und noch eines können wir von den Tieren lernen: dass sie nie aufgeben, immer versuchen, einen Weg zu finden, um irgendwann zum Ziel zu gelangen – wie wir beispielhaft in „Jodl, rutsch mir nach" erfahren können.

Was wären wir ohne die Tiere der Welt! Sie sind beileibe nicht die seelenlose Ware, über die wir viel zu oft meinen, herrschen zu dürfen.

Erika Eichenseer

DER WUNDERVOGEL UND DIE BEIDEN BETTELKNABEN

Ein armer Besenbinder lebte mit seiner Tochter nahe am Wald und sie gingen jeden Tag hinaus, um Besenreiser zu schneiden. Dabei bemerkte das Mädchen eines Tages, dass ein kleiner Vogel immer vor ihr herlief und wunderschön sang. „Magst du mit mir nach Haus gehen?“, sagte die Tochter und hielt die Hand auf. Das Vöglein hüpfte hinein und ließ sich heimtragen, wo es in einem offenen Käfig immer so schön und lustig sang, dass man dergleichen noch nie gehört hatte.

Eines Morgens wollte der Besenbinder es füttern, da lag – siehe da – ein glänzendes Ei im Heu, das aussah wie von Gold. Die Tochter trug es auf den Markt.

Wie sie da so sitzt und das Ei feilbietet, kommt ein reicher Mann und fragt nach dem Preis, doch die Kleine antwortet: „Das wird der Herr wohl selbst wissen, wie viel das Ei wert ist.“ Darauf bekommt sie einen Beutel voll Geld, mit dem sie glücklich heimgeht.

Des andern Tages legt das Vogerl wieder ein Ei und sie trägt es wieder auf den Markt. Auch der Herr kommt wieder und gibt ihr diesmal zwei Beutel voll Geld.

So geht das jeden Tag.

Schließlich fragt der Herr das Mädchen: „Willst du mir nicht den ganzen Vogel verkaufen, dann bräuchten wir beide nicht jeden Tag zum Markt zu gehen?“ Und schweren Herzens gibt das Mädchen den Vogel für so viel teures Geld her, dass ihr Vater, der arme Besenbinder, sein hartes Geschäft ruhen lassen und mit seiner Tochter bis an sein Lebensende fröhlich sein und sorglos leben kann.

Als aber das Vögelchen in dem neuen Käfig bei seinem neuen Herrn saß, sang es jeden Tag leiser, wurde ganz traurig, fraß nichts mehr und starb schließlich.

Dies tat dem Herrn sehr leid und er nahm es aus dem Käfig heraus, um zu sehen, was ihm denn gefehlt habe. Da bemerkte er, dass in dem Schnabel ein winziges Zettelchen hing, worauf geschrieben stand: „Wer meinen Kopf isst, der wird jede Nacht unter seinem Kissen einen Beutel Gold finden. Wer mein Herz isst, soll König vom ganzen Lande werden."

Voll Freude ließ sich der Herr gleich den Vogel am Spieß braten. Während aber die Köchin beschäftigt war, kamen zwei Bettelbuben herein, die, wie so oft, in der Küche um Speise für ihren Hunger baten. Die Köchin hieß sie warten, bis sie mit dem Vogel fertig wäre.

Wie die Buben so zu beiden Seiten der Köchin stehen, fällt von dem kleinen Spießbraten ein winziges Stückchen herunter. Der größere der Buben bückt sich und isst es.

Bald darauf fällt noch ein Bröcklein ab, worauf die Köchin nicht achtet, und dieses schnappt sich der Jüngere.

Die abgefallenen Stückchen aber waren der Kopf und das Herz des Vogels.

Wie nun der Vogel ausgebraten ist, setzt ihn die Köchin auf den Tisch. Der Herr isst ihn und ist guter Laune. Als er aber am anderen Tag aufsteht und unter dem Kopfkissen den erhofften Beutel Goldes nicht findet, wird er sehr traurig.

Indessen waren die armen Kinder ihres Weges gegangen, sie wollten fort und ihr Glück in der Welt suchen. Als die Nacht hereinfiel, baten sie einen Bauern um Nachtherberge. „Im Stall könnt ihr schon schlafen", antwortete er.

Als sie in der Frühe aufwachen, findet der ältere der Bettelbuben einen Beutel voll Gold im Stroh unter seinem Kopf. „Wir müssen das Geld dem Bauern bringen", beraten sich die Buben, „vielleicht hat er uns damit prüfen wollen, ob wir ehrlich sind."

Also bringen sie ihm den Beutel. Der Bauer nimmt verwundert das Geld und will die Knaben bei sich behalten. Sie aber sagen, sie wollten ihr Glück weiter suchen, und gehen fort.

In der zweiten Nacht halten sie bei einem anderen Bauern und als sie des andern Tages aufstehen, ist es wieder so: Auch dieser nimmt das Geld voller Erstaunen und will die Buben nicht weiterziehen lassen. Sie lassen sich wieder nicht halten und so gibt ihnen der Bauer ein paar Goldstücke aus dem Beutel mit auf den Weg, die sie aber für nichts Wertvolles, sondern nur für Dantes* halten.

Die Sache mit dem Geld kommt ihnen jedoch etwas sonderbar vor, also übernachten sie in der dritten Nacht in einem Kornacker. Wieder hat der ältere der Buben am Morgen einen Beutel voll Gold unter seinem Kopf. Und weil sie weit und breit niemanden sehen, behalten sie ihn diesmal und gehen weiter ihres Weges.

So kommen sie in eine Stadt, da ist gerade die Schule aus und die Kinder spielen auf der Gasse. „Was spielt ihr denn?", fragen die beiden Bettelbuben. „Scheckln!"* – „Dürfen wir mitspielen?" – „Könnt ihr denn scheckln?" – „Freilich!" – „Habt ihr Scheckln?" – „Genug!" Sie spielen mit, verlieren aber alle ihre vermeintlichen Dantes an einen Kaufmannssohn.

Der nimmt seine Beute und rennt mit ihr freudig zu seinem Vater. „Woher hast du denn die vielen Goldstücke?" – „Zwei Bettelbuben wollten mit uns Scheckln spielen, konnten es aber nicht, dabei haben sie alles verloren." Der Vater, der meint, das könnten nur zwei Diebe gewesen sein, geht auf die Straße und

findet die beiden noch dort. Er nimmt sie zur Befragung mit nach Hause und als er erfährt, wie sie zu dem Geld gekommen sind, behält er sie in der Familie wie seine eigenen Kinder.

Jeden Morgen aber fand der Ältere weiter das Säckchen voll Gold unter seinem Kopfkissen. Der Kaufmann nahm es, legte es für den Buben in guten Geschäften an und führte ihn in seine eigenen Geschäfte ein. Beide Knaben wuchsen heran, lernten fleißig und der Ältere brachte es bald so weit, dass ihn der Kaufmann zu seinem Nachfolger machte.

Nun war der König des Landes ohne Erben verstorben und die Beamten des Reichs erließen den Befehl, dass alle Jünglinge der Stadt zwischen achtzehn und vierundzwanzig Jahren an einem bestimmten Tag auf das Rathaus zu kommen hätten. „Wir suchen den neuen König", verkündete der Ausrufer, „von dem es heißt, dass sich eine Taube auf seinem Kopf niederlassen wird!"

Die heiratsfähigen jungen Männer kommen nun an dem bestimmten Tage festlich gekleidet zusammen: Die Taube wird ausgelassen, sie setzt sich aber nirgends nieder, sondern fliegt unruhig im Saal herum. Da fragt man, ob denn wirklich alle jungen Männer erschienen wären, und siehe, es fehlen die beiden angenommenen Kinder des Kaufmanns.

Man lässt sie gleich holen und als sie eintreten, setzt sich die Taube sogleich auf dem Kopf des Jüngeren nieder. So oft man sie zur Prüfung der Wahl auch fortjagt, sie kommt immer wieder.

Also wurde der jüngere Bettelknabe als König des Landes anerkannt, der Ältere aber verließ den Kaufmann und wurde der reichste Mann im Land.

* „Dantes“ sind die seit dem 13 Jahrhundert international gebräuchlichen Florentiner Gulden, gewöhnlich als fl. abgekürzt. „Dantes“ ist aber auch ein heutzutage ausgestorbenes Wort für Wertloses, Tand. Es taucht noch im Wort „Tändler“ auf (z.B. Tändlergasse in Regensburg, dort gibt es heute noch Krimskramsläden).
„Scheckl“ war eine gängige jüdische Münze; „Scheckln“ war offenbar ein Geschicklichkeitsspiel mit Münzeinsatz. Beides weist auf die starke Präsenz jüdischen Lebens in der Oberpfalz hin.

Ohne Ort.
ZA 202 257

DIE VERWUNSCHENE KRÄHE

Auf einer Wiese saß ein Reiter hoch zu Pferd und schlief. Da kam eine Krähe und pickte das Pferd, dass es ausschlug und den Reiter weckte. „Was zwickst du mein Ross?“, schrie der Reiter. „Damit du einmal erwachst“, entgegnete die Krähe, „denn du schläfst schon drei Jahre hier.“

Der Reiter merkte an seinem ellenlangen Bart, dass er wirklich schon so lange geschlafen hatte, und sprach zur Krähe: „Sag, wie kann ich dir danken?“ „Du kannst mir zum Dank eine von deinen drei Schwestern zur Frau geben“, war die Antwort. „Hier hast du mein Bild.“

Zu Hause war große Freude, dass der Bruder wiedergekommen war. Neugierig fragten ihn die Schwestern über seine Erlebnisse aus. Er zeigte das Bild und berichtete über den Wunsch der Krähe.

Die erste Schwester rümpfte die Nase, die andere schrie: „Nein!“ Die Jüngste aber errötete, nahm das Bild und ging in ihre Kammer.

Am nächsten Tag fuhr eine prächtige vierspännige Kutsche vor. Die Schwestern meinten schon, ein Prinz wäre gekommen, aber als nur eine schwarze Krähe heraushüpfte, kehrten die älteren beiden um und nur die Jüngste empfing den Besuch. Die Krähe aber lud trotzdem alle drei zu einer Spazierfahrt ein.

So fahren sie fort durch einen finsteren Wald und sie meinen schon, es ginge geradeaus in die Hölle, immer schneller, immer dunkler. Bald wird es aber wieder hell und sie fahren durch einen Zitronenwald auf ein schönes Schloss zu.

Hier sagt die Krähe zu den beiden älteren Schwestern: „Ihr dürft im Schloss alles anschauen, bis auf ein versperrtes Zimmer.

Seid beileibe nicht neugierig!“ Darauf geht sie mit der Jüngsten hinein.

Die zwei anderen aber schleichen ihnen nach und spähen durchs Schlüsselloch. Dort sehen sie einen schönen jungen Mann bei ihrer jüngsten Schwester am Tisch sitzen.

In dem Moment ist alles verwandelt. Das Zimmer, das Schloss, die Kutsche – alles ist verschwunden, und die drei Mädchen stehen allein in dem finsteren Wald unter einer Tanne. Aus deren Zweigen krächzt eine Krähe: „Ihr habt alles verdorben! Nur die Jüngste von euch kann noch helfen, wenn sie als Magd in Lumpen zur Stadt geht und einen Dienst nimmt, der ihr dort angeboten wird!“

So ging die jüngste Schwester also in Lumpen zur Stadt, aber sie wurde überall abgewiesen. Zuletzt kam endlich der Diener eines Fürsten und fragte: „Kannst du kochen? Putzen? Waschen?“ Sie versicherte alles und er führte sie zum Fürsten in Dienst.

Da zeigte sich aber bald, dass sie von allem nichts verstand. Die Speisen waren verbrannt, das Silbergeschirr noch schmutziger als zuvor. Gärtner, Jäger und Lakai beschimpften und verspotteten sie. Darüber weinte sie bitterlich.

Da kam die Krähe ans Küchenfenster geflogen, reichte ihr den schwarzen Flügel hin und sagte: „Reiße mir eine Feder aus, und was du damit schreibst, das soll geschehen.“

So wird es Mittag und sie fordert mit der Feder die allerbesten Speisen auf. Es kommt das Tafelgeschirr und sie schreibt funkelnagelneuesten Glanz. Das gefällt dem Fürsten und der Fürstin wohl und sie wollen die Köchin sehen. Da bekommt sie von beiden zum Dank die allerschönsten Kleider und ist auch selbst schön von Gestalt und Angesicht, dass sie alle bezaubert.

Darüber wird der vorher garstige Gärtner zahm und möchte die Köchin nun gern zum Liebchen haben. Er schleicht zu ihrer Kammertür und guckt hinein, und als sie gar nicht böse tut, läuft er auf sie zu.

Aber sie sagt: „Schließe doch die Kammertür!" Und als er sich umwendet, schreibt sie flugs mit ihrer Feder: „Ich will, dass du die ganze Nacht die Tür auf- und zumachen sollst."

So geschieht es auch.

Am hellen Morgen schleicht der Gärtner beschämt davon.

Am andern Abend kommt der Jäger, als sie schon fast eingeschlafen ist. Er will gerade seine Stiefel ausziehen, da schreibt sie: „Ich will, dass er die ganze Nacht seine Stiefel an- und ausziehen soll."

Und das muss er auch tun.

Voll Ärger geht er am hellen Morgen fort.

Am dritten Abend kommt der Lakai, der ist ein Taubennarr mit krummem Hals vom ewigen Beobachten der Vögel. Er schaut ihr verliebt in die Augen und bittet um ihre Gunst. Da fällt ihm ein, dass sein Taubenschlag noch offensteht. „Darf ich schnell gehen und den Taubenschlag schließen?", fragt er.

Sie nickt lachend und schreibt: „Ich will, dass er die ganze Nacht den Taubenschlag auf- und zumachen soll."

So vertrieb sie die lästigen Buhler um ihre Gunst. Die waren darauf böse und wollten ihre Schmach rächen. Also schnitten sie drei Hexenruten ab, um die schöne Köchin durchzupeitschen.

Als sie dies bemerkte, schrieb sie mit ihrer Feder: „Ich will, dass sie sich selber karbatschen*."

Und so geschah es.

Von dem Lärm angelockt, liefen der Fürst und die Fürstin auch noch herbei und sie bekamen die allermeisten Schläge.

Da war es Zeit! Es kam die Krähe und fuhr als erlöster Prinz mit der schönen Köchin heim.

* karbatschen: peitschen

Neuenhammer.
ZA 202 044

EIN TEUFELSKREIS

(ORIGINALTITEL: DER KREUZWEG)

Junge, liederliche Personen gingen einst, in einem Sack neunerlei Holz und neunerlei Speis, auf den Kreuzweg, auf dem sonst sowohl Braut- als auch Leichenzüge gehen mussten.

Es war Mitternacht am Walburgisabend und rabenschwarze Finsternis, als sie zum bekannten Platz gelangten, wo als besonders günstiges Omen eine große Kröte saß, die ihre Augen aufriss und daraus, wie eine Laterne, ein Flöckchen Licht verstreute.

„Ei, da bist du schon, alte Hexe!“, sprach der Anführer zu ihr. „Jetzt ist's recht! Merkt auf, ihr Kerle! Und dass sich keiner rührt und muckst, mag da kommen, was nur will!“

Aber einer unter ihnen hatte von seiner Mutter, als sie gestorben war, ein Skapulier* übernommen, das sie am Hals getragen hatte. Er trug es zu ihrem Andenken, ohne von dem Schutz des Skapuliers etwas zu wissen.

Der Anführer, der die Gefährlichkeit des Kreuzwegganges kannte, stand in der Mitte der Gesellen und fragte den Ersten in der Reihe: „Wozu willst du das Geld, das jetzt der Rabe bringt?“

Dieser erwiderte: „Zum Raufen.“

Der Andere: „Zum Saufen.“

Der Dritte: „Für die Weibsbilder.“

Der Vierte: „Zum Wetten.“

Der Fünfte: „Zum Betrügen.“

So geht es fort bis zum Letzten mit dem Skapulier. Leise antwortet der: „Meiner Mutter für Heilige Messen.“

Darüber schwillt die Kröte an, so groß wie ein Backofen, und droht, mit ihrem Gift die Burschen allesamt zu ersäufen, aber der Anführer beschwichtigt die gräuliche Bestie und sagt: „Du hast sicherlich nicht recht gehört, mein Schatz. Der Dummkopf braucht das Geld nur zum Fressen!"

Damit zufrieden schrumpft die Kröte wieder behaglich zusammen, pustet und verkriecht sich.

Da hören die Kerle ein Gerumpel wie vom Fall einer Kugel in den hohlen Bauch der Erde.

Ein Hahn kräht.

„Es ist Zeit!", ruft der Anführer und zieht einen weiten Kreis um sie alle herum, der schwefelgelb schimmert, und nimmt danach ein Reis und steckt es in die Mitte des Kreises. Sogleich bebt, dehnt und streckt sich der Zweig und wird groß wie ein Tannenbaum, der anfängt zu brausen und mit dem Wind Zwiesprache zu halten. Aus der Ferne kommt von überallher ein Geräusch gezogen, worüber alle erschrecken und sich innerhalb des Kreises aufs Gesicht niederwerfen.

Da kommt ein Wagen hoch mit Heu beladen, von Mäusen gezogen, die quieken und pfeifen, und der Wagen schwankt und wankt her und hin und droht auf die Burschen zu fallen und sie mit dem vom brennenden Schwefelkreis entzündeten Heu zu verbrennen.

Aber der Schrecken des Mäusewagens geht vorüber, denn jeder wirft dreierlei Holz und dreierlei Speis aus dem Kreis.

Und der Hahn kräht zum anderen Mal.

Sogleich stürmt eine Jagd schwarzer Gänse heran mit Krallen und Schnäbeln aus Eisen und bedrängt die Burschen im Kreis durch einen Schwall ihrer leichenmuffigen Leiber mit unausstehlichem Gestank und Zischen. Die schlangenflinken Hälse schnappen nach den Fersen der Burschen, die ihre Füße wie eine Schildkröte an sich ziehen und schnell wieder dreierlei Holz und dreierlei Speis von sich werfen.

Aber schon kräht der Hahn zum dritten Mal.

Die Gänse schlagen den Boden mit ihren Flügeln zu einer Staubwolke und fahren auseinander, denn es stürzt ein Trupp Reiter heran, frisch vom Rabenstein her. Sie und ihre Pferde haben keine Köpfe und aus dem röchelnden Rumpf der Reiter und Rosse springen hohe Bogen Blutes wie ein Platzregen auf die Erde nieder, und so schwer und wuchtig stampfen die Reiter den Boden, dass er zittert und die Burschen im Kreis auf und nieder springen lässt wie Stroh unter dem Dreschflegel.

Sie werfen den Rest von Speis und Holz von sich und der Reiterzug stiebt auseinander.

Da sank hoch aus der Luft wie eine Sternschnuppe ein Vogel herab. Das war der Rabe mit silbernem Schnabel, der auf dem Gipfel der Tanne gesessen hatte und nun mit heiserer Stimme krächzte.

Niedersteigend murmelte er: „Rab! Rab! Rab!“ Und hüpfte zuletzt in den Kreis, pickte vor jedem der Burschen mit dem Schnabel in die Erde und zog der Reihe nach ein Päcklein Gold ums andere daraus hervor.

Vor dem letzten der Kreuzwegbeter verstummt der Vogel plötzlich, trippelt ängstlich hin und her und lässt zuletzt die Flügel hängen.

„So vollende endlich dein Werk!“, ruft ihm der Anführer zu. „Es kräht ja sonst der Hahn zum letzten Mal.“

„Ja“, krächzt der Rabe, „wenn ich könnte! Wenn jener dort, der eine Messe lesen lassen will, das Ding nicht hätte!“

Darüber krähte der Hahn das letzte Mal.

Der Tag brach an und der Zauber war verschwunden. Die Burschen hatten umsonst Angst und Not ausgestanden und fielen im Ärger über den mit dem Skapulier her, der, von ihren Fäusten zerbläut, das Gelübde machte, nimmermehr in seinem Leben aufs Kreuzwegbeten zu gehen.

* Skapulier: geweihtes Stück Stoff

Neuenhammer.

ZA 203 084a

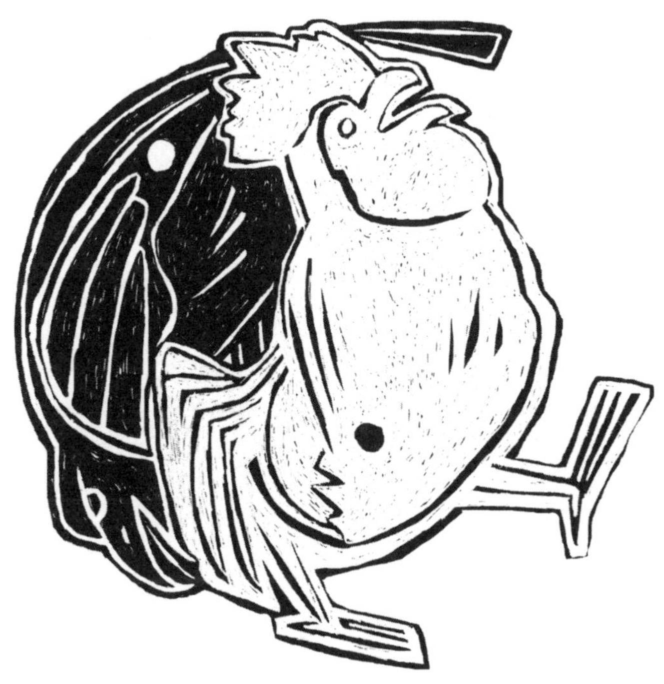

Raben sind sogenannte Kulturfolger:
Sie leben nah am Menschen und nutzen die von ihm gestalteten Kulturräume. Sie sind Aasfresser und werden durch ihr schwarzes Gefieder häufig mit Unglück und Tod assoziiert.

Kreuzweg: Braut- wie Leichenzüge aus den verschiedenen Pfarreien gehen auf Wegen quer über Feld und Flur. Wo sich die Wege kreuzen, ist Vorsicht geboten. Es heißt, die Seelen Verstorbener, die noch nicht rein in den Himmel aufsteigen können, tanzen auf Kreuzwegen wilde, traurige Tänze, nach Geschlechtern geschieden. Wer sie dabei stört, wird zerrissen. Die Seelen tragen dabei gegürtete weiße Hemden, grau und schwarz gefleckt. Je lichter die Farbe des Hemds, desto näher sind sie der Erlösung; die ganz Weißen entweichen als gereinigt in den Himmel. – Von diesen Tänzen im Mondlicht sind die Kreuzwege so fest und hart getreten. (SSO II, S. 166)

Diese Geschichte zeigt wahrlich einen Teufelskreis zwischen Religion (dreimal kräht der Hahn – die Versuchung des Petrus), Politik (Religionskämpfe der Zeit um 1870) und volkskundlichen Praktiken.

DIE HELFER

Ein Handwerksbursche auf Wanderschaft ging einmal durch einen Wald. Da lag ein Totengerippe von einem Pferd, und davor stritten sich ein Fuchs, eine Krähe und eine Ameise um die Teilung der Beute. Weil sie sich nicht einigen konnten, baten sie den Handwerksburschen, die Teilung zu übernehmen. Dem Fuchs gab er das Fleisch, der Krähe das Gedärm, der Ameise den Kopf. Für diese gerechte Handlung erhielt er von den dreien die Gabe, sich in ihre Gestalt zu verwandeln.

Er geht weiter und kommt zu einem Fluss. Da denkt der Handwerksbursche sich: „Wenn ich nur eine Krähe wäre!" Sogleich verwandelt er sich und fliegt hinüber.

Er kommt darauf nah an die Stadt, wo seine Geliebte lebt, aber die ganze Stadt ist auf einen gläsernen Berg verbannt. Da denkt er sich: „Wenn ich nur ein Fuchs wäre!" Als Fuchs klettert er schnell den Berg hinauf.

Wie er oben in die Stadt kommt, hört er, dass seine Geliebte heute Hochzeit habe. Der Bursche denkt: „Wenn ich nur eine Ameise wäre!" Als Ameise schleicht er auf die Hochzeit, kriecht seiner Geliebten auf die Brust und beißt sie so stark, dass sie ohnmächtig wird und hinausgetragen werden muss. Draußen findet sie den Ameis auf ihrer Brust und setzt ihn auf den Boden. Da steht ihr Geliebter vor ihr.

Sofort wurde die falsche Hochzeit abgebrochen und bald heiratete sie ihren heimgekehrten Geliebten.

Ohne Ort.

Winkler, S. 182

DER ZAUNKÖNIG

Einst kamen alle Vögel zusammen, um sich einen König zu wählen. Derjenige sollte ihr König sein, der am höchsten fliegen konnte, so beschlossen sie.

Darauf begann der Wettbewerb, und der Adler flog am höchsten hinauf. Der Zaunkönig aber hatte sich auf seinen Buckel in die Federn gesetzt. Er war ja so klein, dass ihn der Adler gar nicht spürte.

Als der Adler so hoch hinaufgeflogen ist, dass man ihn fast nicht mehr sehen kann, klettert der freche Zaunkönig aus den Federn des Adlers, fliegt geschwind auf und zwitschert ein paar Mal über ihm. Kaum ist der Adler wieder heruntergekommen, ernennt sich der Zaunkönig zum Sieger. Jetzt ist er König.

Die anderen Vögel aber sind sehr zornig, als sie sehen, dass gerade ihr Allerkleinster ihr König sein soll. Nur weil er sie so bettelt und verspricht, niemandem etwas davon zu sagen, lassen sie ihn am Leben. Er muss ihnen aber zusagen, nie wieder so hoch hinaufzufliegen.

Seitdem träg der Zaunkönig seinen Spottnamen und flattert nur noch unten an den Zäunen herum.

Ohne Ort.

Röhrich, S. 206

DER VERZAUBERTE RABE

(ORIGINALTITEL: DER RABE ALS HELFER)

Ein Graf und eine Gräfin hatten zwei Kinder, eine Tochter und einen Sohn. Nachdem der Graf alles Hab und Gut vergeudet hatte, blieben ihm nur noch ein altes Waldschloss und ein herrlicher Singvogel. Dieser entkam ihm aber.

Er eilte ihm nach und sah einen Raben auf ihn stoßen. Ängstlich bat er den Raben, den Liebling zu schonen. „Dafür“, sagte der dunkle Vogel, „verlange ich aber deine Tochter zur Ehe.“ Der Vater sagte sie dem Raben zu und auf einmal stand ein schöner Jüngling vor ihm, beschenkte ihn reich mit kostbaren Edelsteinen und begleitete ihn, die Braut zu holen.

Lange nachdem die Grafentochter mit ihrem Gemahl davongezogen ist, schickt die Mutter den Sohn aus und bittet, die Schwester zu suchen. Er findet sie auf einem Baum sitzend, in ihrem Schoß ein Ei, das sie mit der Hand bedeckt. Als sie den Bruder sieht, sagt sie: „Verbirg dich hier in dem hohlen Baum, bis mein Mann wieder ein Mensch wird. Das trifft alle vier Wochen ein.“

Nach der genannten Zeit kommt der Rabe als Mensch zu seiner Frau. Zu ihrem Bruder sagt er: „Hier hast du drei Rabenfedern. Die musst du reiben, wenn du in Gefahr bist. Geh jetzt in den Wald und suche nach einem verwunschenen Schloss. Dort wirst du uns alle heil finden.“

Der Jüngling zieht also aus. Wie er durch den Wald geht, flieht vor ihm eine weiße Kuh: Er verfolgt sie und gerät zu einem Baum, gegen den ein Zauberer in Ochsengestalt mit den

Hörnern stößt, dahinter liegt ein verfallenes Schloss. Er nimmt den Kampf auf, besiegt den Zauberer und schlägt ihm den Kopf ab. Doch aus dem Blut steigt eine wilde Ente auf, die gegen ihn anstürmt. Da fürchtet sich der Jüngling, reibt die drei Federn und sogleich erscheinen viele Raben und zerstoßen den Entenvogel, der hinter dem Waldrand, nahe am Meer ein goldenes Ei fallen lässt und tot ins Wasser sinkt.

Der Grafensohn zerschlägt das Ei und findet darin einen goldenen Schlüssel. Dieser sperrt die Pforte des verwunschenen Schlosses im Wald auf. Er geht hinein und gelangt in einen Saal, in dem eine Prinzessin schläft. In ihr erkennt er die weiße Kuh, die nun erlöst ist. Auf dem Tisch daneben liegt eine Tafel aus Alabaster. Die nimmt er und zerschmettert sie auf dem Boden, dass die Prinzessin erschrocken erwacht.

Damit stand auch das Schloss wieder in seiner alten Pracht da. Der junge Graf und die Prinzessin feierten bald Hochzeit. Und auch die Schwester war mit ihrem Tiermann, dem Raben und Herrn des Schlosses, und mit dem Ei, ihrem Kinde, erlöst.

Neuenhammer.
ZA 202 099

Es muss nicht immer alles einfach und nach bekanntem Muster sein. Die schnelle Folge der Ereignisse und die nur äußerst knappen Erklärungen machen die Geschichte etwas sperrig, dafür aber auch geheimnisvoll.

DER VOGEL GREIFF UND DER SCHNEIDER

In einem Land, reich durch die Wolle von großen Schafherden, ließ sich der Vogel Greiff nieder. Auf einem hohen Berg war ein großer Baum, da baute er sich sein Nest. Bald merkte man seine Herrschaft, denn er holte sich Schaf um Schaf wie der Hacht* die Hühner, und so wurde das Land allmählich nackt und arm.

Jetzt ließ der König ausrufen: „Wer den Vogel Greiff tötet, der bekommt meine Prinzessin zur Frau!"

Weil diese sehr schön war, kamen erst große Herren und Ritter und stachen mit langen Spießen nach dem Vogel, konnten ihm aber nichts anhaben. Sie durften nur froh sein, dass sie der Vogel nicht alle auffraß.

Dann kamen Bürger und Bauern, die warfen mit Steinen, und zwei von ihnen holten eine Säge und wollten den Baum absägen, auf dem der Vogel wohnte. Als sie aber damit anfingen, kam der Greiff, hob sie auf, trug sie fort und warf alle beide ins Meer.

So bekam die Prinzessin keinen Mann und das Land keine Ruhe vor dem grauenhaften Ungetüm, das oft wie ein schwarzer Stern in der Luft hing, sodass man im Dorf Lichter anzünden musste am helllichten Tag.

Das verdross einen Schneider, den es schon ärgerte, bei Nacht und jetzt auch noch bei Tag ein Licht brennen zu müssen. Also machte er sich mit seiner Schere auf, ging zum König und ließ sich den Eid noch einmal schwören: Was alle nicht erlangten, die Hand der Prinzessin, soll bei Erfolg ihm gehören.

Tüchtig ausgelacht von jedermann geht der Schneider fort und steigt auf den Berg des Greiffen. Dort trägt er dürres Reisig zusammen, bindet es an eine Stange, entzündet es und steckt damit flugs das Greiffennest an.

Die Jungen darin schreien auf und der alte Greiff kommt wie ein geflügelter Bär und will das brennende Nest mit den Flügeln löschen. Darüber verbrennt er sich aber selbst die Federn und fällt jämmerlich versengt zu Erden.

Flink läuft der Schneider herbei und zwickt dem Vogel mit seiner Schere den Hals ab.

So wurde ein Schneider zum König und führte fortan statt der Schere das Zepter und den Vogel Greiff im Wappen.

* Hacht: Habicht

Ohne Ort.
ZA 202 131

Der Vogel Greiff ist ein mythischer Vogel,
ein Fabelwesen mit Löwenleib und Raben- oder Adlerkopf,
der alles Böse überwinden kann. Er begegnet uns in Ägypten als
Benu, der sich bei Sonnenaufgang immer wieder erneuert.
In der griechischen Sage steigt er als Phoenix aus der Asche
und die Germanen verehrten ihn als Göttervogel.
Das Christentum sah in ihm den Vorboten
von Pest und Tod.

DER SCHUH DER HIRTIN

(ORIGINALTITEL: DER HIRTIN IHR SCHUH)

Auf seiner Wanderschaft fand ein Hirte ein kleines Kind und dabei auch ein Paar kleiner Schuhe. Er nahm das Kind mit nach Hause, auch die Schuhe, und zog es auf.

Das Kind ward groß und wuchs zu so einer wunderschönen Jungfrau, dass sich der Hirt voller Angst darüber sogar fürchtete. Des Hirten Hütte lag in einem Wald, an einem Teich, da badete das Mädchen gern.

Eines Tages, als sie wieder badete und derweil ihre Kleider und Schuhe in einer Hecke verbarg, kam auf einmal ein großer Vogel, ein Falke, heruntergeflogen, stahl einen Schuh und flog damit fort.

Nicht weit entfernt ritt ein Graf mit seinen Jägern und einer großen Gesellschaft auf Reiherjagd. Er sah den Falken heranfliegen, lockte ihn, und wirklich: Der Falke ließ das, was er im Schnabel trug, bei ihm fallen.

Der Graf hebt das Ding auf und wundert sich gar sehr über den Schuh, der so klein und doch schwer zu heben ist. Da gibt ihm der Falke einen Wink, ihm zu folgen.

Er reitet dem Vogel nach, kommt durch den Wald zum Teich und verbirgt sich hinter der Hecke. Dort sieht er das Mädchen baden und wie betrübt sie ist, als sie sich ankleidet und nur mehr einen ihrer Schuhe findet.

Jetzt kommt der Graf aus seinem Versteck heraus und reicht ihr den anderen Schuh an. Dabei sieht er, wie schön sie ist, wenn auch nur eine arme Hirtin. Er nimmt sie bei der Hand, die klein und schmal ist wie ein Weidenblatt, setzt sie auf sein Pferd und reitet mit ihr davon, seine Jagdhunde hintennach.

Der Hirtin aber rutscht während des Ritts der Schuh vom Fuß, nach dem die Hunde gleich schnappen und ihn zerreißen.

Da fällt aus dem zerrissenen Leder etwas Glänzendes heraus. Der Graf hebt es auf und sieht: Es ist ein Edelstein mit einem Wappen – das Wappen seines Fürsten, in dessen Gefolge er just zur Jagd geritten ist.

Er zeigte seinem Herrn den Fund, der darüber weinte und lachte: Die Hirtin war sein Kind, das ihm eine böse Hexe einst aus der Wiege gestohlen hatte.

Jetzt war die Freude groß, der Graf heiratete die Fürstentochter und sie lebten noch lange glücklich miteinander.

Ohne Ort.

ZA 203 014

Zunächst denkt man an Aschenputtel, aber es kommt anders:
Der Hirt hat sogar Angst vor der Schönheit seines Findelkindes!
Und der Schuh hat eine doppelte Funktion.
Ein scharfsichtiger Falke bringt die Auflösung.

SCHWANENJUNGFRAUEN

Ein junger schmucker Landsknecht hatte sich auf einem Marsch durch einen Wald von seiner Truppe entfernt und konnte nicht mehr zurückfinden. So irrte er Tag und Nacht in dem dunklen Forst umher, bis er sehr müde und hungrig wurde.

Auf einmal sah er ein prächtiges Schloss vor sich.

Er ging darauf zu, öffnete das Tor, und da er niemanden sah und hörte, ging er die Treppe hinauf und kam in einen großen, herrlichen Saal. In demselben stand ein Tisch mit köstlichen Speisen beladen. Da er bisher niemandem begegnet war und sich auch in dem Saal niemand befand, gab ihm der Hunger, den er fühlte, Mut ein. Er setzte sich an den Tisch und aß, bis er satt war.

Plötzlich tritt ein altes graues Männlein herein, ermuntert ihn zu essen und zu trinken, so viel und solange es ihm gefalle. Wenn er hier bleiben wolle, könne er es alle Tage so gut haben. Immer werde der Tisch für ihn gedeckt sein und auch ein bequemes Gemach zum Wohnen und Schlafen sei für ihn bereit.

Der Landsknecht nimmt das Angebot mit Vergnügen an und bleibt. Es kommt ihm allerdings sonderbar vor, dass er tagein tagaus weder Köche noch Kellner noch Aufwärter sieht, obwohl der Tisch stets so reichlich gedeckt ist. Er fragt daher eines Tages das graue Männchen, wie dies komme, und erhält zur Antwort: „Du wohnst hier in einem verwunschenen Schloss, das einst mir gehört hat. Alle sind verzaubert und in Tiere verwandelt worden."

Der Landsknecht hat nun eine Zeit verweilt und sich gütlich getan. Es kommt die Langeweile, denn allein mag der Mensch auch im Paradies nicht sein. Das graue Männchen lässt sich nur selten sehen und spricht nur wenig. Zuletzt entschließt sich der junge Bursche, weiterzugehen.

Das Männchen aber will ihn behalten, tröstet ihn, führt ihn zu einem Fenster und weist auf einen See hinaus. „Schau“, spricht es, „an diesen See kommen jeden Tag um die zwölfte Stunde drei Schwäne, um sich zu baden. Sie sind mit einem Schleier verhüllt. Wenn sie aber ins Wasser gehen, legen sie die Schleier auf den Damm. Wenn es dir gelingt, einen von diesen Schleiern zu stehlen, dann wird aus dem Schwan, dem er gehört, eine schöne Jungfrau.“ Diese werde ihn zwar inständig bitten, ihr den Schleier wieder zurückzugeben. „Du darfst ihr aber nicht nachgeben und musst trachten, wieder im Schloss zu sein, ehe es ein Uhr schlägt! Sonst ist es um dich geschehen.“ Die Jungfrau werde ihm folgen und so lange bei ihm bleiben, wie er den Schleier von ihr bewahre.

Der Landsknecht ist des Rates froh, geht am nächsten Tag zum Damm und verbirgt sich. Da sieht er drei Schwäne heranfliegen mit Schleiern um den Kopf, sieht sie die Schleier auf dem Damm niederlegen und wie sie sich in wunderschöne Frauen verwandeln. Danach vergnügen sie sich im Wasser, schwimmen herum und tauchen unter.

Er aber erwartet einen Augenblick, als sie alle unter Wasser sind, nimmt einen Schleier von grüner Farbe an sich und eilt wieder zurück zum Schloss.

Wie er sich aber auf dem Weg umschaut, sieht er, dass ihm eine nackte Jungfrau nacheilt und ihn unter Tränen beschwört, ihr doch ihren Schleier wieder zurückzugeben. Wie schön sie auch ist, lässt er sich dazu nicht bewegen, sondern verdoppelt noch seine Schritte, damit er rechtzeitig zum Schloss zurückkehre. Dort angekommen, verschließt er den Schleier in einem Schrank, und wie er sich umwendet, steht die Jungfrau vor ihm.

Er reicht ihr kostbare Kleider, die eine unsichtbare Hand gebracht hat.

So wohnten sie nun zusammen in glücklicher Ehe, und ihm wurde die Zeit nicht mehr lang. Auch seine Gattin war heiter und fröhlich in ihrer Liebe zu ihm, allerdings nur bis zur zwölften Stunde jeden Tages. Da sah sie die Schwäne fliegen und sich im See baden. Es ergriff sie unwiderstehliche Sehnsucht und sie fing jedes Mal zu weinen an. Sie bat ihn auch öfter, ihr den Schleier auf kurze Zeit zu leihen, sie wolle nur mit den Schwänen, ihren Schwestern, baden und gewiss wieder zurückkehren. Er aber dachte an die Worte des Männleins und gab ihr den Schleier nicht.

Da ersuchte sie ihn, sich doch auch die Schleier der beiden Schwestern zu verschaffen, damit auch diese aus dem Bann erlöst würden. So oft er aber hinausging, um sie zu stehlen, so oft kehrte er leer zurück.

Nach einem Jahr gebar sie ihm ein wunderschönes Knäblein und das Glück des Landsknechtes war so groß, dass er gar nicht daran dachte, dass es einmal anders kommen könne. Denn auch die Mutter liebte das Kind ungemein.

Eines Tages war er auf die Jagd gegangen, denn der Wald barg Wild in großen Mengen und Verschiedenheit. Er hatte aber vergessen, den Schlüssel am Schrank, in dem der Schleier verwahrt lag, abzuziehen, und wie er am Abend nach Hause kam, fand er nur mehr das Kind. Denn die Mutter, von Sehnsucht zu ihren Schwestern und zum Wasser getrieben, hatte den Schrank geöffnet, den Schleier genommen und ihn umgelegt. So war sie wieder zum Schwan geworden und mit ihren Schwestern davongeflogen.

Der Schmerz, seine geliebte Gattin verloren zu haben aus eigener Schuld, steigerte sich bis zur Verzweiflung. Mit banger

Sorge harrte der Landsknecht des anderen Tages und der zwölften Stunde. Da sah er die drei Schwäne zum See und wieder fort fliegen. Der Schwan mit dem grünen Schleier aber flog zu dem Fenster des Schlosses, hinter dem das Kind lag, schaute hinein und entfernte sich erst dann wieder.

So ging das Tag um Tag.

Da wurde es dem Mann zuletzt unheimlich im Schloss. Fort wollte er mit dem Kind.

Wie er sich anschickt, diesen Entschluss zu vollziehen, erscheint wieder das graue Männchen und bittet ihn, nicht fortzugehen. „Auf dir ruht die Hoffnung zur Erlösung deiner Familie. Lass das Kind hier in guten Händen, es wird ihm an nichts fehlen, und mach dich auf den Weg.“ Es gab ihm einen Stock und auch ein Paar Schuhe. „Der Stock hier wird dir den Weg weisen. Und diese Schuhe werden dich über Felsen und Wasser tragen, jeder Schritt eine Meile. Weit von hier liegt ein Schloss, in dem auch meine Familie verwunschen ist. Dahin musst du gehen. Tritt ein, ohne zu klopfen. Du wirst durch viele Zimmer kommen, wo die schönsten und kostbarsten Dinge der Welt liegen, rühre aber nichts an, sondern geh von Zimmer zu Zimmer, bis du an ein kleines Gemach kommst, in dem ein Schlüssel hängt. Nimm ihn und folge deinem Stock, wohin er dich führt. Nach einer langen Wanderung wirst du ein zweites Schloss finden, das dein Schlüssel öffnen kann. Du wirst versteinerte Menschen finden und vielerlei ungeheure und ungestaltete Wesen, fürchterlich zum Ansehen, die werden drohen, dich zu verschlingen. Geh deinen Weg weiter, ohne etwas anzurühren und ein Wort zu sprechen. Du wirst eine Rute finden. Mit der musst du allen steinernen Figuren und auch den hässlichen, grausigen Tieren einen Schlag geben, so wird der Zauber gelöst sein.“

Der Landsknecht besinnt sich nicht lange, nimmt Stock und Schuhe und macht sich auf die Reise. Leicht führen ihn Stock und Schuhe über Berg und Tal, über Felsen und Wasser hin zum ersten Schloss. Das Tor aber bewachen zwei ungeheure schwarze Hunde. Er fürchtet sich zwar, achtet aber nicht auf die Tiere, geht vorüber, ohne dass sie ihm etwas zuleide tun, und weiter die Treppen hinan, hinein ins Schloss und durch Zimmer mit silbernen oder goldenen Wänden, voll der erlesensten Kostbarkeiten, dass er sich kaum enthalten kann, etwas davon zu nehmen. Er gedenkt aber der Worte des Männleins und widersteht allen Versuchungen.

Am Ende gelangt er in das letzte Zimmer, angefüllt mit noch größeren Kostbarkeiten. Doch er denkt an das Kind und seine Mutter und dieser Gedanke hält ihn zurück. So findet er den Schlüssel und steckt ihn ein, und weil es Abend geworden ist, setzt er sich an einen Tisch, auf welchem Speisen wie für ihn bereitet sind.

Am andern Tag verlässt er neu gestärkt das Schloss und tritt den Weg zum zweiten an. Viele Meilen später findet er es verschlossen vor, öffnet das Tor mit dem gefundenen Schlüssel und kommt in einen Saal, in dem an einem Tisch drei schöne Jungfrauen, in Gold und Seide gekleidet, sitzen. Sogleich erkennt er seine Gattin und schon will er sie umarmen, doch er erinnert sich an das Versprechen, das er dem Männchen gegeben hat.

Da verschwindet die jüngere Schwester, seine Frau, und die anderen zwei reichen ihm einen goldenen Becher zum Trunke und wollen ihn mit Liebe umgarnen. Doch er spricht kein Wort, nimmt seinen Stock und geht zu einer anderen Türe hinaus.

Der Stock führt ihn vor ein anderes Zimmer und wie er die Tür öffnet, fahren garstige, rasende Untiere auf ihn zu, als ob sie ihn verschlingen wollen. Er aber geht mitten durch sie weg, findet die Rute an einer Wand hängen, nimmt sie und schlägt auf die gräulichen Tiere ein, bis sie sich in zahme Haustiere verwandeln. Dann geht er durch alle Zimmer wieder zurück bis zu jenem Saal, wo er die drei Jungfrauen getroffen hat.

Da rasen drei grimmige Schlangen auf ihn zu und wollen ihn umringen. Er aber schlägt sie mit der Rute auf die Köpfe und die drei Jungfrauen stehen wieder vor ihm. Sogleich geht er mit ihnen in einen anderen Saal mit vielen steinernen Bildern und berührt auch diese mit der Rute. Und siehe, da steht das ganze Hofgesinde vor ihm und harrt seiner Befehle.

Zuletzt bittet ihn seine Gattin, zurück in das erste Schloss zu gehen und dort auch ihre Eltern von dem Fluch zu befreien, die in wütende Hunde verzaubert seien. Gemeinsam fahren sie dorthin und also sind alle erlöst.

Es gab große Freude, als die lange Getrennten sich wiedersahen und in den Armen lagen. Alle machten sich bald auf und reisten in das Schloss, in welchem das Kind lag. So war schließlich alles in Glück und Seligkeit vereint, es wurde feierlich Hochzeit gehalten und der Landsknecht erhielt die drei Schlösser, welche nun entzaubert waren, zum Brautschatz.

Ohne Ort.
Nachlass 202 257a

Schleier haben hohe Symbolkraft, man denke an Klosterfrauen, die den Schleier als Zeichen ihrer Vermählung mit Christus nehmen, man spricht von „Verschleierung der Tatsachen", „den Schleier lüften" u.v.m.

Schwäne haben in der Märchenliteratur ihren festen mythischen Platz. Auch im Volkslied tauchen sie immer wieder wehmutsvoll auf: „Es zogen einst fünf wilde Schwäne ..."

KATSCH KODL

(IM ORIGINAL OHNE TITEL)

Auf einer Mühle im Wald hatte der Müller große Not mit dem Wassermann. Der kam jede geschlagene Nacht in die Stube und trug Fische herbei, kochte, sott, briet und fraß alle selber zusammen.

Der Müller wusste sich nicht mehr zu raten und zu helfen.

Nun kam einmal ein wandernder Handwerksbursche spät an die Mühle, der hatte drei Bären wie Hunde bei sich und blieb über Nacht.

Wohl hatten sie alle Hunger, aber der Müller konnte weder ihm noch den Bären in der Nacht etwas zu essen schaffen.

Währenddessen kam auch der Wassermann und war gar geschäftig dabei, seine Fische zuzurichten und zu verzehren.

Als er so an dem Tisch sitzt und an seinen Fischen kaut, riechen die Bären die leckere Speise.

Sie schleichen sich an den Tisch und schlagen mit ihren Tatzen auf die Schüssel mit den Fischen.

„Katsch Kodl!", schreit der Wassermann und schlägt die ungebetenen Gäste auf die Pratzen.

Diese werden zornig, brummen und werfen den Tisch um, dann fallen sie über den Wassermann her, den sie jämmerlich zerkratzen und zerbeißen, bis er sein Heil in der Flucht sucht.

Er blieb von da an Tag und Nacht im Mühlwasser und getraute sich nicht mehr in die Stube.

Der Müller war sehr froh darüber und tat so, als sähe er seinen guten Bekannten gar nicht im Wasser sitzen.

Über eine Weile hob der Wassermann seinen Kopf aus dem Wasser hervor und fragte den Müller, ob er noch die drei Hoinzn* in der Stube habe?

„Jawohl", sagte dieser, „noch mehr, ich habe deren sechs!"

Da duckte sich der Wassermann und kam niemals mehr herauf.

* Hoinzn: Katzen (im Dialekt: Heuhaufen)

Neuenhammer.
SSO 2, S. 187 f.

Hier handelt es sich um eine ausbeuterische Nachbarschaft zwischen Wassermann und Müller, die durch das Eingreifen der Tiere wieder zurechtgerückt wird.

„Katsch Kodl", auch der Titel dieses Buches, deutet auf Schläue, Schnelligkeit und Tatkraft der Bären hin – aber auch auf den Unmut des Wassermanns. „Kodl" heißt der Kater im Nordbairischen.

Der Wassermann kennt offenbar keine Bären,
er hält sie für „Hoinzn", also Katzen, oder „Kodl".

DER KODL RÄCHT SICH

Ein Bauer hatte einen verschlagenen alten Kater. Der saß immer dann, wenn der Herr nachts vom Wirtshaus heimkam, auf der Türklinke, sodass der Bauer nicht aufmachen konnte.

Dafür bekam aber nicht der Kater, sondern die unschuldige Bäuerin Prügel.

Beim Essen verschleppte der Kater den Löffel des Bauern und die Bäuerin bezog auch dafür unverdiente Prügel.

Einmal schaut der Bauer nachts im Stadl nach dem Rechten. Da sitzt der Kodl im Futterbarren und spielt, den Schweif wie eine Flöte im Maul, mehreren Katzen zum Tanz auf. Danach erzählt der boshafte Kater seinen Freundinnen, wie er den Bauern immer ärgere und der Bäuerin dafür Prügel verschaffe.

Das merkt sich der Bauer genau.

Als er wieder einmal heimkommt und wieder lange die Tür nicht aufgeht, schimpft er nicht mit der Bäuerin und es geschieht ihr auch nichts.

Tags darauf fehlt beim Essen wieder der Löffel. Der Bauer holt ruhig einen anderen und der Bäuerin geschieht wieder nichts.

Da glotzt ihn der Kater auf dem Ofenrohr mit verwunderten Augen an. Der Bauer aber wirft ihm die Worte hin: „Wart nur, Lump, ich kenne schon deine Streiche!“

Da sprang der Kodl herab, zerkratzte dem Bauern schnell das Gesicht und war durchs Fenster auf und davon.

Waldau.

Winkler, S. 39

Als heiligen Tieren soll man Katzen nichts zu Leide tun, dieses ist allgemeiner Glaube. Wer einer Katze etwas zufügt, von dem wendet sich das Glück, dem widerfährt bald darauf sogar ein Unglück. Besonders hat man sich zu hüten, dass man nicht auf sie schieße, denn sie springen, wenn sie nicht getroffen sind, gegen das Feuer dem Jäger ins Gesicht.

(Hemau. SSO 1, S. 357)

DER KODL BLÄST DEN DUDELSACK

(ORIGINALTITEL: HEXEN)

Ein Müller in Bergstein sah nachts die Hexen nackt in seinem Garten tanzen. Da ging er hinunter und rief ihnen zu: „Wie wäre es, wenn ich auch einen Juchhe dazu gäbe?“

Da ergriffen ihn die Hexen und fuhren mit ihm davon.

Erst in Böhmen setzten sie ihn wieder ab, sodass er drei Tage brauchte, um wieder heimzukommen.

Auch einer von Lohma (bei Pleystein) fand in seiner Scheune die Hexen tanzen und sein Kodl blies dazu den Dudelsack.

Am Morgen schrie er den Kater an, der auf der Ofentür lag, ob er sich etwa heute Nacht totgepfiffen habe.

Da stieg der Kodl vom Ofen herab, gab ihm eine derbe Ohrfeige, fuhr zum Fenster hinaus und hat sich nie mehr sehen lassen.

Bergstein.
ZA 203 381

In vorchristlichen Zeiten war die Katze das Begleittier der nordischen Göttin Freya, der am meisten verehrten Göttin in der Oberpfalz.

Der Bergstein ist ein Gipfel unweit Illschwang, in der Oberpfalz.

Sprichwörter zu Katzen und „Kodln“:
Wenn d’Katz aufs Mausn geht, schreit s’ net miau.
Am liabstn frißt d’Katz de Mäus, de s’ selber fangt.
In am zrissna Sååck fanga neun Katzn koa Maus.
Wer d’Katz im Sååck kaaft, muaß d’Maus selber fanga.

DER FUCHS UND DER STORCH

Der Storch flog vom Kirchturme herab, wo er sein Nest hatte. Der Fuchs wollte es ihm nachmachen, stieg hinauf, fiel aber beim Herunterfliegen ziemlich unsanft zu Boden.

Da sagte er: „Das Fliegen war ja ganz schön, aber das Niedersitzen war etwas beschwerlich.“

Neukirchen St. Christoph.

ZA 202 323

DER BETROGENE FUCHS

(ORIGINALTITEL: DIE EINE KUNST)

Ein Fuchs, eine Katze und ein Hahn gingen zusammen auf Reisen. Dabei erzählten die Katze und der Hahn lustige Geschichten und der Fuchs horchte gern zu.

Er ging immer hintennach und dachte sich: „Der Hahn, der gehört bald mir!"

Sie gehen gerade an einem Dorf vorbei, da wird der Fuchs sehr hungrig und packt den Hahn beim Kragen, bis der schreit: „Lass mich aus! Ich weiß einen Stall mit mehreren Hühnern, dort bekommst du eine bessere Mahlzeit!"

Der Fuchs ist damit zufrieden und der Hahn zieht los.

Wie er aber sieht, dass er in Sicherheit ist, fliegt er auf einen Baum und schreit lauthals: „Der Fuchs soll sich selber einen Braten holen, wenn er einen will!"

Fuchs und Katze gehen also allein weiter.

Doch der Hunger lässt dem Fuchs keine Ruhe, er hat gar so großen Appetit, also sagt er zuletzt zur Katze: „Bei aller Reue und Leid, du musst sterben!"

Darauf schreit die: „Tu mir nichts, ich lehre dich dafür viele Künste!"

Der Fuchs lacht sie bloß aus: „Solche kenne ich ganze Säcke voll!"

Er lässt sie aber am Leben.

Sie gehen weiter und kommen in einen Wald. Da begegnet ihnen ein Metzger mit seinem großen Hund. Sobald der den Fuchs erblickt, läuft er ihm nach und jagd und hetzt.

Die Katze aber sprang geschwind aus dem Weg, auf einen Baum und schrie und lachte immerzu: „Fuchs, schütt dein Säckel voll Künste aus, Fuchs, schütt dein Säckel voll Künste aus!"

Ohne Ort.

ZA 202 931

Die Intelligenz ist tatsächlich eines der Erfolgsgeheimnisse des Fuchses. Er lernt schnell, erfasst Zusammenhänge und entwickelt Strategien. Schlaufuchs nennt man ihn dafür.

Hier sind ihm Hahn und Katze aber noch einmal über.

DREI GOLDENE EIER

(ORIGINALTITEL: DAS WIESEL)

Eine Bäuerin hatte viel Plage mit ihren Hühnern: Der Fuchs stahl ihr die Hennen, und Marder und das Wiesel die Eier.

Da kam eine Wahrsagerin vorbei, der klagte sie ihre Not, worauf die Frau die räuberischen Tiere mit einem Zauberbüschelchen im Kamin und einer Falle vom Zaun fernhielt.

Einmal gerät das Wieserl in die Falle. Das Kind der Bäuerin sieht es und will dem Tierchen helfen. Es sagt zu dem Kind: „Lass mich aus, ich gebe dir dafür drei goldene Eier!"

Das Kind tut es und bringt die schönen goldgelben Eier, die ihm das Wieserl für seine Freiheit geschenkt hat, der Mutter.

Die aber glaubt an faulen Zauber und dass sie die Wahrsagerin mit ihrer Tierfalle bloß zum Narren gehabt hat, holt das Büschelchen aus dem Kamin und wirft es ins Feuer.

Gleich darauf lodert die Glut hoch und immer höher und zündet Haus und Hof an, dass alles davon zugrunde geht, bis auf die drei goldgelben Eier, die das Kind schnell wieder in seine Tasche gesteckt hat.

Die Bäuerin trug nun die Eier in die Stadt, verkaufte sie an einen Goldschmied und bekam so viel Geld dafür, dass sie Haus und Hof ganz neu und schöner als zuvor aufbauen konnte.

Seitdem tut man einem Wiesel nichts mehr zuleide.

Neuenhammer.

ZA 202 976

Die Volksmedizin sagt:
Der Balg eines Wiesels zieht das Gift aus einer Wunde
und stillt die Schmerzen.

Weiße Wiesel sollen im Kopf ein besonderes Bein haben:
Wer es erlangt und bei sich trägt, wird unsichtbar.

Das goldene Ei ist ein Sinnbild für den Kosmos,
Fruchtbarkeit und Geburt, aber auch für Macht, Wert und
Reichtum.

DER ZAUBERGÜRTEL

(ORIGINALTITEL: DER HIRT ALS WERWOLF)

In einem Dorf bei Velburg lebte ein Hüter, der einen Zaubergürtel im Kamin hängen hatte. Wenn er den umband, wurde er zum Fuchs. Als solcher schlich er sich dann in die Bauernhöfe und stahl, was er brauchen konnte. Besonders auf die Mühlenwägen hatte er es abgesehen, von denen er die Säcke voller Mehl herunterzog.

Ein Pfarrersknecht klagte so seinem Herrn den Verlust eines Sackes. Der Sack fehlte, das war gewiss, aber der Knecht wusste sonst nichts zu sagen, als dass ein Fuchs seinem Fuhrwerk nachgegangen sei. Danach habe das Tier den Weg zum Hüthaus eingeschlagen.

Der Pfarrer ließ den Mesner holen, doch der wollte auf keinen Fall allein gehen und nachsehen. Daher begleitete ihn der Kaplan.

Als sie zum Hüter kommen, lehnt der Sack Mehl leer an der Wand. Die Kinder des Hüters, die allein zu Hause sind, sagen auf Befragen aus: „Wir haben kein Mehl, aber unser Vater hat einen Gürtel im Kamin hängen, und wenn er den umlegt, dann wird er zum Fuchs und bringt uns etwas zu essen heim. Dann hängt er den Gürtel wieder in den Kamin zurück."

Nun soll der Mesner versuchshalber den Gürtel anlegen.

Der aber traut sich nicht und will sich allein dazu verstehen, den Gürtel aus dem Kamin zu holen.

Da schnallt ihn der Kaplan um und wird sogleich zum Fuchs, läuft davon, in die Hölzer hinein, und kommt nicht wieder, weshalb man sofort verbieten muss, im Wald einen Fuchs zu schießen.

Endlich gelang es, den verwandelten Fuchs in den Pfarrhof zu Hohenfels zu locken. Da nahm ihm der Pfarrer den Gürtel ab und der Kaplan war wieder Mensch.

Velburg.
ZA 203 422

Der Werwolf ist ein normaler Mensch,
der sich bei Vollmond in ein reißendes Tier verwandeln kann,
nicht nur in einen Wolf, sondern, wie hier, auch in einen Fuchs.
In dieser Geschichte ist es der Gürtel, der das Eintauchen in
die Tierwelt erlaubt und vom Wunsch der Menschen zeugt,
die Grenze zum Reich der Tiere manchmal aufzulösen.

In der japanischen Mythologie zählen Füchse (Kitsune) zu den
großen Verwandlungskünstlern, die auch Menschengestalt
annehmen können.

DAS STARKE BAND

(ORIGINALTITEL: DER DRACHENTÖTER)

Eine Frau hatte einen einzigen Sohn, den sie über alles liebte. Als er langsam erwachsen wurde, wollte er in die Fremde ziehen. Obwohl ihn die Mutter nicht fortlassen wollte, machte er sich auf den Weg.

Er ging eine Zeit lang, da begegnete er einer alten Frau, die ihn fragte: „Wohin reist denn du?“ – „Ich gehe in die Fremde, damit ich sehe, wie es auf der Welt zugeht.“ – „Nun, wenn das so ist, werde ich dir etwas mitgeben, was du gut gebrauchen kannst!“ Und sie nestelte aus ihren Kleidern ein Band hervor. „Das bindest du dir um den Arm, mit ihm bist du stark und kannst alles erreichen, was du nur willst.“

Er nahm es, band es um, und währenddessen war die Alte plötzlich verschwunden. Unsicher geworden, was er nun anfangen sollte, drehte der Bursche um und wanderte zurück zu seiner Mutter. „Das habe ich mir schon gedacht, dass du bald wiederkommst“, sprach sie, wie sie ihn kommen sah. Der Sohn antwortete: „Ohne dich kann ich nicht sein. Du musst mit mir gehen.“

Erst wollte die Mutter nichts davon wissen, aber der Sohn gab nicht nach. Nur gemeinsam wollte er in die Welt ziehen. So machten sie sich wirklich auf den Weg.

Lange gehen sie, weit und weit, als sie auf einmal ein sehr schönes Schloss erblicken. Weil sie eine Nachtherberge suchen, gehen sie darauf zu und öffnen das Tor, aber kein Mensch ist zu sehen. Erst als sie sich in einem der Zimmer niedersetzen, kommt ein alter Mann zur Tür herein und fragt freundlich, ob sie ein Nachtlager bräuchten. Die beiden sagen gerne zu, bekommen zu essen und zu trinken und ein gutes Lager.

Den anderen Tag wollen sie wieder fortreisen, doch der alte Mann bittet sie, doch zu bleiben, denn er sei ganz allein im Schloss. So bleiben sie, und sie haben es eine Zeit lang gut miteinander.

Der Junge ging oft auf die Jagd und brachte immer fette Beute mit nach Hause. Dieser Erfolg machte aber den Alten erst misstrauisch, dann neidisch. Und weil der alte Mann mit der Mutter so freundlich war, wurde auch sie zuletzt gegen ihren Sohn argwöhnisch.

Wieder einmal geht er auf die Jagd und will gerade auf einen Hasen anlegen, da schreit der Has: „Lass mich gehen. Ich kann dir gewiss noch einen Gefallen tun!"

Der Bursche verschont ihn und nimmt ihn mit nach Haus. Von nun an läuft der Hase immer neben ihm her.

Ein anderes Mal kommt dem Jungen ein Fuchs in die Quere. Der schreit: „Nimm mich mit. Ich kann dir noch viel zu Gefallen tun!" Der Bursche nimmt auch ihn mit nach Hause und hat nun zwei Gefährten.

Am nächsten Tag begegnet ihm ein Bär. Auch der folgt dem Jungen bereitwillig nach Hause, wenn er ihn nur nicht vor seine Flinte nimmt.

Über den hungrigen Zuwachs wird aber der Alte im Schloss sehr zornig. Auch der Mutter gefallen die drei Gefährten nicht und die Alten beraten sich, wie sie den Burschen und seine Tiere loswerden können.

Da fällt der Mutter etwas ein: An einem schönen heißen Sommertag beredet sie ihren Sohn, im Teich zu baden, doch sobald er die Kleider abgelegt hat und im Wasser das Schwimmen probiert, nimmt die Mutter sein magisches Band an sich, eilt damit nach Haus und gibt es dem Alten. „Jetzt werden wir schon Herr über ihn!"

Darauf sperren sie seine drei Leibtiere* ein.

Eine lange Zeit kommt der Bursche nicht nach Hause. Da spricht der Bär zu den andern: „Wo wird denn unser Herr heute so lange sein?"

Der Hase ruft: „Ich muss nur hinaufspringen, dass ich beim Fenster hinausschauen kann!" Beim Fenster angelangt, schreit er: „Ach, unser Herr ist im Teich und nahe am Ertrinken!"

Wie der Bär dies hört, springt er auf, stößt die Tür mit seiner Kraft auf, läuft hinaus und der Fuchs gleich hinter ihm drein. Draußen springt der Fuchs geschwind ins Wasser und rettet seinen Herrn.

Wie der Alte im Schloss das sieht, nimmt er geschwind einen Säbel, stellt sich hinter die Tür und denkt: „Wenn der Junge hereintritt, haue ich ihm den Kopf ab."

Aber der Bär ist schneller, springt als Erster zur Tür herein, reißt den bösen Alten nieder und zerfleischt ihn zu lauter Fetzen. Der Bursche nimmt darauf sein Band wieder an sich, ruft seine Tiere zusammen und geht auf und davon.

Weit war der Weg, tief in einem großen Wald musste er übernachten. Wie der Tag anbrach, ging er weiter, aber erst gegen Abend erreichte er das Ende des Waldes und kam hinaus ins Freie. Da sah er eine schöne Stadt vor sich liegen, in der viele Leute ganz aufgeregt herumliefen.

Er ging in die Stadt und fragte einen Mann nach dem Grund für die Aufregung. „Ach", sprach der, „der König muss seine Prinzessin opfern. Es soll nämlich der Drache kommen, der soll

sieben Köpfe haben. Wenn es einer aber schafft, den Drachen zu töten, bekommt er die Prinzessin zur Frau."
Der Junge dachte an sein Band, das ihm die großen Kräfte verlieh, und stellte sich mit seinen drei Tieren an einem Weg zur Stadt auf.

Wirklich kommt bald ein sehr schöner Wagen gefahren mit der Prinzessin darin. Und von Weitem sieht er dahinter auch schon den gefährlichen Drachen daherschnauben. Der Junge zieht sein Schwert und wie der Drache nah genug ist, haut er ihm alle sieben Köpfe nacheinander ab.

Wie die Prinzessin das sieht, ist sie so glücklich, dass sie den Helden am liebsten gleich ihrem Vater zeigen will. Doch der junge Mann denkt an seine Reise in die Welt und sagt: „Nein, unter einem Jahr kann ich dich nicht heiraten. Aber nach Ablauf des Jahres komme ich wieder."

Darauf zieht die Prinzessin ihren goldenen Ring vom Finger, nimmt dazu noch ihr feines Taschentuch und gibt ihm beides. Geschwind reißt der Junge die Zungen aus allen sieben abgeschlagenen Drachenköpfen heraus, wickelt sie in das Tuch und eilt fort.

Da kommt der Kutscher, der alles gesehen hat, nimmt die sieben Köpfe an sich und droht der Prinzessin: „Wenn du nicht sagst, dass ich dich errettet habe, bringe ich dich um."

Was bleibt ihr anderes übrig – sie muss es versprechen.

Es war bald ein ganzes Jahr vergangen, da hatte es der Kutscher so weit gebracht, dass wirklich die Hochzeit gefeiert wurde. An demselben Tag kehrte aber auch ein Fremder mit drei Tieren in einem Gasthaus der Stadt ein.

Er blieb über Nacht.

Da sagte der Wirt: „Wenn wir nur heute etwas von des Königs Mahlzeit hätten!“

Der Fremde fragte, was es denn Besonderes gäbe.

Darauf erzählte der Wirt ihm von den festlichen Vorbereitungen der Hochzeit im Schloss.

Da spricht der Fremde: „Wir werden gleich etwas davon haben.“ Er gibt seinem Hasen das Taschentuch und schickt ihn ins Schloss, er solle etwas Gutes bringen.

Wie der Hase zur Hochzeit kommt, geht er auf die Prinzessin zu, legt ihr das Tuch auf die Hand und winselt dazu. Sie erkennt ihr eigenes Tuch sofort, wird sehr rot im Gesicht und schickt den Hasen mit allerlei Köstlichkeiten wieder zurück.

Darauf muss der Fuchs als nächstes fort zum Schloss und der Prinzessin ihren Ring zum Tisch bringen. Bei diesem zweiten Tierboten wird der König aufmerksam: „Was hat das alles zu bedeuten?“, fragt er seine Tochter.

Jetzt erzählt die Prinzessin ihrem Vater alles, wie es sich wirklich zugetragen hat vor einem Jahr.

Der König lässt den Fremden sogleich holen und spricht: „Bist du der Retter meiner Tochter?“ – „Ja, ich bin es, Herr. Hier sind die Zungen des Drachen. Alle sieben aus den Köpfen.“

Doch der Kutscher wehrt sich, schreit und bringt seine sieben Drachenköpfe vor.

Da sagen die Gäste: „Die Zungen sind näher als die Köpfe!“

Der Betrüger wird darauf vom Bären zerrissen und die Hochzeit noch einmal gefeiert, diesmal mit dem rechten Bräutigam.

Wie alles vorbei war, ging der junge König einmal im Garten mit seinen drei Tieren spazieren. Da baten sie ihn: „Du musst uns die Köpfe abschlagen!" – „Ach", sagte er, „das kann ich nicht, denn ihr habt mir so viel Gutes getan!" – „Du musst, wenn du uns gern hast!"

Schweren Herzens tat er es. Da flogen drei schneeweiße Täublein davon.

* Leibtiere: Tiere sind im Märchen den Menschen gleichwertig, sie können sogar Patrone sein, Wappentiere, Seelenverwandte, Schutzengel.

Ohne Ort.
Winkler, S. 199

Die drei Tiere, die magischen Begleiter des Jungen, können selbst nur erlöst werden, wenn sie ihre Tiergestalt abstreifen. Oft ist das, wie hier, nur über den Tod hinweg möglich.

Psychologisch gesehen, muss der junge Mensch auf dem Weg zum Erwachsenenalter das Bekannte, Alt-Geliebte loslassen, was natürlich mit schmerzlichen Erfahrungen einhergeht. Erst dann kommt er eine Entwicklungsstufe weiter; ein Hinweis auf die Pubertät.

DIE TIERBRAUT

(ORIGINALTITEL: DAS WEISSE REH)

Zwei Jäger gingen früh morgens in den finsteren, undurchdringlichen Tannenwald. Der eine war blond, anmutig von Gestalt und milden Gemüts, der andere rothaarig und jagdverbissen wie seine Meute aus grimmigen, beutehungrigen Hunden.

„Höre!“, sagt der Rote. „Dort im Busch am alten Fürstenschloss, so sagt man, soll manchmal ein Reh laufen, flink wie ein Wiesel, mit einer feinen weißen Decke wie ein Hermelin. Komm, wir wollen es erjagen!“

„Was fällt dir ein“, versetzt der Blonde, „unser Ziel sind Bären und Wölfe! Sollen wir, wie diese, das arme Rehlein zerreißen?“

„Tier ist Tier!“, lacht der Rote – und verflixt! Da blitzt auch schon etwas Weißes im Busch. „Pack an, fass!“, ruft er den Hunden zu und lässt sie von der Leine. Die Hunde schnauben, rennen rechts und links auseinander und umzingeln das Reh. Wie es sich in solcher Bedrängnis sieht, läuft es auf die Menschen zu und erwartet von ihnen mehr Erbarmen als von den Hunden. Vergebens: Der Rote erhebt schon die Büchse, als die Hunde das Reh eng umstellen. Doch sie fallen es nicht an, sind mit einem Mal ganz still, ducken sich zum Boden und wedeln mit den Ruten.

Krach! Da fällt der Schuss.

Der Rote liegt am Boden, die eigene Kugel in der Brust. Das Reh ist verschwunden.

„Das geht nicht mit rechten Dingen zu“, sagt der blonde Jäger. „Der beste Schütze liegt im Tode von seiner eigenen Kugel getroffen, das weiße Reh ist gefeit und kugelfest wie ein Panzer. Fortan soll dieses Revier geschont werden und gehegt, kein Hund und keine Büchse soll den Frieden stören! So wahr ich hier der Jäger bin."

Er nimmt sein Jagdzeug, pfeift seinen Hunden und zieht mit ihnen fort, über Nacht und Tag, bergauf und bergab, talein und talaus über das weite Gehege. Zuletzt schläft er in einer Höhle wohlgemut ein.

Mitternacht ist kaum vorüber, als er von lautem Vogelgezwitscher geweckt wird, das so wonnevoll und liederreich an sein Ohr klingt, wie er es noch nie zuvor gehört hat. Er schlägt die Augen auf und wartet.

Der junge Tag liebäugelt erst mit den Wipfeln der Tannen, aber bald glitzert ein Morgenstrahl im Wasser einer Quelle am Eingang der Höhle. Wie ein blanker Schild oder ein Spiegel, so still und klar, liegt das Wässerlein da und darauf zittert das Bild einer wunderschönen Frauengestalt wie auf Silbergrund gemalt. Hoch oben, gegenüber in der Felswand, auf einer alten Burgmauer steht plötzlich das Reh, das den Kopf senkt und zum Jäger herunterschaut. Der zwinkert und sieht von einem Bild zum anderen.

Da erkennt er verwundert auf jeder Stirn einen kleinen blutroten Fleck. „Ich bin in ein Zaubernetz geraten", ruft er. „Im weißen Reh ist dem Menschenblick verborgen, was die reine Quelle verrät. Das einzig Wirkliche ist das rote Brandmal an der Stirn hier und dort. Oh, wie kann ich den Frevel meines mit dem Tod bestraften Jagdgesellen sühnen?"

Er verlässt sein Lager, umschleicht die Felswand durch Dorn und Gestrüpp und steigt zuletzt hinauf auf die Mauer.

Aber das Reh ist schon verschwunden und nirgends mehr zu sehen.

Und wieder wird es Nacht und es kommt der Morgen und der Jäger sieht dieselben Gestalten, einmal im Wässerlein, einmal das Reh hoch oben. Doch diesmal erstirbt bald der Vogelsang und wird von wüstem Wolfsgeheul überboten. Eine ganze Meute Wölfe schnaubt heran und hinauf gegen die Burg, wo das zitternde Reh steht.

„Fass an, pack sie!", erschallt da laut der Ruf des blonden Jägers, seine Hunde fahren heraus aus der Höhle und würgen die Wölfe, seine Büchse macht ihnen den Garaus.

Und fröhlich eilt der Jäger nach oben auf den Mauerfirst, das zierliche Reh zu erhaschen, aber es ist wieder verschwunden und nirgends zu finden.

So kehrt er zur Höhle zurück und verträumt verdrießlich seine Zeit.

Und zum dritten Mal weckt ihn der Vogelgesang in aller Frühe, dazwischen vernimmt er aber schon ein Brummen und Brüllen. Auch die Hunde spitzen die Ohren und ein Rudel Bären zottelt heran, schnüffelt hoch im Winde und setzt in weiten Sprüngen auf die Burgmauer zu, wo wieder das klagende Reh steht.

„Fass an! Pack sie!", schreit der blonde Jäger und wirft sich mit Lanze und Schwert auf die Untiere.

Wohl raufen die Hunde und beißen bald hier und bald da einen Braunen zu Tode und der Jäger lässt Lanze und Schwert sausen, aber zugleich mit den Bären erliegen auch die Hunde und seine Waffen zersplittern.

Schließlich ringt der Jäger mit dem letzten, aber größten und stärksten der Bären im Kampf auf Tod und Leben. Schon bebt ihm das Mark im Gebein, da kollert ein Felsstück aus der morschen Mauer herab, dem Bären auf die Nase und zerschlägt ihm den Schädel.

Ermüdet und verwundet hatte der Jäger nicht mehr die Kraft, die Burgmauer zu ersteigen. Er kehrte lieber in seine Höhle zurück, warf sich von Schweiß und Blut triefend auf sein Lager und verwünschte die Jagd und das Reh. Kein Hund leckte das Blut von seinen Händen, sie alle lagen auf dem Kampfplatz ohne Leben. So verlassen von allen seufzte er und legte sich nieder zum Sterben.

Und es kommen die Nacht und der Morgen wieder. Wie er erwacht, weiß er nicht: Ist es Vogelgesang, wie ehedem, der ihn wecken will, oder eine Nachtigallenstimme? Ist es linder Hauch der Morgenluft oder süßer Atem aus menschlichem Mund? Auch die Höhle, zuvor schwarz und düster, glänzt, blitzt und schimmert vom Boden über Wand und Decke! Sonnig hell und munter leuchtet ringsum der Tag herein.

Und an seinem Bett sitzt die lieblichste Gestalt, neigt sich hernieder und küsst ihm Stirn und Augen.

So ein Erwachen ist dem Jäger lieb und recht. Gleich fühlt er neues Leben erglühen, als er das blutrote Mal an ihrer Stirn entdeckt und munter ausruft: „Ja, das rote Mal, das Röslein an deiner Stirn sagt mir an, dass du mein weißes Reh bist! Erzähle mir, was mit dir geschehen ist?"

Und das Mädchen entgegnete darauf: „Mein Vater war der letzte Herr im Gebirg, ich sein einziges Kind. Das Leben rings im Wald winkte zur Jagd und ich folgte. Junker und Edle schwärmten um mich, ein wildes Heer, ich mitten darunter als Jägerin. Das Wild im Gehege klagte und weinte, aber ich achtete es nicht. Oft warnte mich der Berggreis. Dann schlug mich sein Zorn und mein Gefolge dazu. Er verwandelte mich in Rehgestalt und zitternd sank ich nieder vor ihm. Meine Genossen, nun Wölfe und

Bären, stoben davon. Mein Vater sprach: Trage und fühle das Los und die Pein, die du meinen Kindern angetan hast. Gehetzt, gejagt von jedermann und dem eignen Gefolge, nur vor Verderben und Tod bewahrt durch meinen Hauch – so lange sollst du in Wetter und Sturm, in Kälte, Not, Jammer und Gram allein, verwaist, stumm leiden, bis dir dereinst ein Jäger frank und frei Erbarmen spendet."

„Erbarmen nur!", rief der Jäger. „Mein Herz und Reich ist dein. Ich bin der Graf des Landes, du des Waldes Fürstin. Schmerz und Drangsal sind vorüber, reiche mir die Hand und alles Glück auf Erden ist uns gewiss."

Neuenhammer.

ZA 202 647

DAS MANNTIER

(ORIGINALTITEL: FUCHS UND BÄR)

Fuchs und Bär saßen zusammen und beklagten die schlechten Zeiten. Der Fuchs tadelte am meisten, dass er es jetzt besonders schwer habe: „Du, Bär, hast es doch besser als ich“, sagte er, „du brauchst dich als so ein starker und mutiger Kerl vor niemandem zu fürchten, insbesondere vor keinem Manntier, das uns Füchsen überall nachstrebt.“

Als sie so reden, kommt ein Weib daher gegangen. Der Bär fragt den Fuchs: „Ist das ein Manntier?“ – „Nein“, sagt der Fuchs, „das ist keins und wird keins.“

Bald kommt ein kleiner Bub. So fragt der Bär den Fuchs: „Ist das ein Manntier?“ – „Nein“, sagt der Fuchs, „das ist keins, wird aber eins.“

Gemeinsam streifen sie durch den Wald, da steht ein Jäger. „Ist das ein Manntier?“, fragt der Bär.

„Ja, freilich“, winselt der Fuchs. „Gib acht, jetzt schnappt’s gleich und mir geht es um den Balg.“

Da richtet sich der Bär auf und geht auf den Jäger zu.

Der Jäger hebt seine Büchse und schießt den Bären auf den Hirnschädel.

Es passiert aber nichts.

Der Bär rückt dem Jäger näher auf den Leib, da zieht der eine Pistole aus dem Wams und feuert sie ab.

Wieder passiert nichts.

Sofort reißt der Jäger seinen Hirschfänger* hervor und versetzt dem Bären einen Hieb auf die Glatze.

Das war dem Bären genug. Er kehrte um, beklagte sich über den Fuchs und sagte: „Die Manntierleute sind wahrscheinlich wirklich so schlimm wie du sagst. Erst warf mir der dort eine Kugel an den Kopf, dann bespritzte er mich mit einem Büschel Feuer, zuletzt riss er sich gar eine Rippe aus dem Leib und schlug mich übers Ohr! Sieh her, wie es blutet."

* Hirschfänger: Steckmesser, Jagdmesser

Spielberg.
ZA 203 071

Das erinnert an die „verkehrte Welt",
sozialkritische Rollenverkehrungen, die schon in der Antike
beliebt waren. Hier kehren sich die Machtverhältnisse um,
die Tiere schauen als intelligente Wesen auf die für sie
unverständlichen Menschen mit ihren seltsamen,
unvernünftigen Verhaltensweisen.

Im Fastnachts-Brauchtum scheint diese Idee im
Rollentausch von Mann und Frau auf:

Wenn der Mo an Rock und wenn 's Wei d'Hosn ohåt,
na hausn s' guat!

TIERE AUF REISEN

(ORIGINALTITEL: DIE WANDERNDEN TIERE)

Ein Gockel ging spazieren. Da kam eine Gans daher: „Gockel, wo gehst du hin?“ – „Ich gehe auf Reisen.“ – „Lass mich mit!“ – „Ja, geh mit, dann sind wir schon zwei.“

Nicht lange danach kam eine Katze des Wegs: „Gockel, wo gehst du hin?“ – „Ich gehe auf Reisen.“ – „Lass mich mit!“ – „Ja, geh mit, dann sind wir schon drei.“

So marschierten sie zu dritt dahin. Kam eine Geiß zu ihnen: „Gockel, wo gehst du hin?“ – „Ich gehe auf Reisen.“ – „Lass mich mit!“ – „Ja, geh mit, dann sind wir schon vier.“

Auf diese Weise gesellten sich zum Gockel, der Gans, der Katze und der Geiß auch noch ein Schaf und ein Schwein. So waren es sechs Tiere, die munter eine Reise unternahmen.

Nun kamen sie in einen großen dunklen Wald, der kein Ende nahm.

Schnell war es auch schon Abend geworden und sie suchten nach einem Quartier für die Nacht. „Ich schaue, ob ich nicht ein Licht sehe!“, sagte der Gockel und flog auf einen hohen Baum. „Ein Licht!“, krähte er von oben. „Wirklich, ein Licht! Kommt, ich führe euch hin.“

Der Gockel voraus, so kommen sie zu einem kleinen Häuschen. Kein Mensch ist darinnen, aber eine Kerze brennt.

„Hier können wir wohl übernachten“, sagt der Gockel und fragt die Katze: „Wo hast du bei deinem Bauern geschlafen?“ – „Ich war beim Ofen.“ – „Gut. Da soll heute auch dein Platz sein.“

Dann fragt er weiter: „Gans, wo warst du bei deinem Bauern?“ – „Unter der Bodenstiege war mein Nachtquartier!“ – „Geh auch heute dorthin und ruhe dich aus.“

Das Schaf sagt: „Ich war im Stall, mäh mäh.“

Das Schwein bekommt seinen Platz beim Misthaufen, wie daheim auch, und die Geiß soll in die Stadeltenne gehen, wie sie es gewohnt ist.

Der Gockel selbst setzt sich auf den Pflug und löscht davor sorgfältig das Licht aus.

Sie haben nun eine Weile die ungestörte Ruhe genossen, da tritt ein Mann in die Stube. Er war ein Geselle aus einer Räuberbande, die in dem verlassenen Häuschen im Waldesdunkel ihr Versteck hatte. Er sollte ausspähen, ob alles in Ordnung und keine Gefahr vorhanden sei.

Erst will der Räuber Licht machen und geht zum Ofen, da glotzen ihn die zwei feurigen Augen der Katze an.

Er denkt, es seien glühende Kohlen und will eine davon herausfingern, stattdessen greift er der Katze in die Augen. Die, nicht faul, haut ihm ihre Krallen in die Hand, dass er fluchend aus der Stube rennt.

Wie er aber zur Tür hinaus will, streckt die Gans, die unter der Stiege sitzt, ihren langen Hals und beißt ihn in die Waden.

Er flieht in den Stall, doch da nimmt ihn die Geiß aufs Horn und wirft ihn hinaus.

Draußen kräht der Gockel ganz wild auf dem Pflug, und wie sich der Räubert aufrappelt, schauen ihn das Schaf und das Schwein vom Misthaufen herab böse an.

Da läuft er, was er kann, fort und seinen Gesellen entgegen, und erzählt ihnen atemlos: „Da sind Leute im Haus, Handwerker! Viele! Auf dem Ofen sitzt ein Schneider, der hat mich mit seiner Nadel erbärmlich zerkratzt. Unter der Stiege ist ein

Schmied, der hat mich mit seiner Zange ins Bein gezwickt. Da wollte ich davon durch den Stadel, da drin war aber der Bauer, der hat mich mit der Heugabel hinausgejagt. Und irgendwo hat einer immer geschrien: Fang ihn! Fang ihn! Selbst auf dem Mist waren Leute beschäftigt. – Da war es mir genug. Geht bloß nicht dorthin, da geht es euch schlecht!"

Da gerieten die Räuber in Angst. In dieser Nacht haben sie lieber im Wald geschlafen.

Die reisenden Tiere aber schliefen gut bis an den Morgen und gingen dann gestärkt auf ihrem Wege weiter.

Ohne Ort.

ZA 202 331

DAS KLUGE FERKEL

Ein Hase, eine Gans und ein Ferkel wollten beisammenbleiben und bauten sich daher jeder ein Häuschen nebeneinander, die Gans aus Federn, der Hase aus Haaren, das Ferkel aus Stein und Mist.

Da kam ein Bär daher und sagte zur Gans: „Lass mich ein oder ich werf dir das Haus ein." Erwiderte die Gans darauf: „Wirf es nur ein, du kommst doch nicht herein." Der Bär aber stieß das leichte Häuschen um und fraß die Gans.

Danach ging er zum Hasen und rief hinein: „Lass mich ein oder ich werf dir das Haus ein." Der Hase entgegnete: „Wirf es ein, du kommst doch nicht herein." Da warf der Bär das leichte Häuschen um und fraß den Hasen.

Ebenso macht er es beim Ferkel, welches ihn auch nicht einlässt. Doch das Häuschen ist fest gebaut und der Bär vermag nicht, es einzustoßen.

Er verlegt sich daher auf gute Worte und sagt zum Ferkel: „Mein liebes Ferkel, gehst du sonntags nicht auf den Markt?"

„O ja, da geh ich hin", antwortet es von drinnen.

„Nun, dann wart auf mich", fährt der Bär fort, „wir gehen mitsammen. Auf Wiedersehen!" Damit vertrollt er sich.

Das Ferkel ist aber klug und erkennt die List des Bären.

Es steht daher sonntags sehr früh auf, geht zum Markt und kauft sich ein Haferl und einen Kochlöffel.

Wie es nun wieder nach Hause geht und gerade in einem Hohlweg ist, sieht es auf dem Damm den Bären herankommen. Es fürchtet sich wohl sehr, fasst sich aber und fängt an, mit dem Kochlöffel an das Haferl zu schlagen. Der Bär meint, es läute zur Wandlung, und kniet sich nieder. Währenddessen aber läuft das Ferkel so schnell es vermag und gelangt glücklich nach Hause.

Umsonst suchte der Bär das Ferkel auf dem Markt. Weil er es nicht fand, ging er wieder zum Hüttchen des Ferkels und beschwerte sich, dass es ihn angeführt habe und gar nicht auf dem Markt gewesen sei.

„Freilich war ich auf dem Markt!“, rief es von innen heraus. „Ich habe mir dort ein neues Haferl gekauft und einen Kochlöffel, und die Knödel sind auch schon eingelegt! Wenn du ein andermal wieder mit mir gehen willst, so musst du früher aufstehen!“

Wie nun der Bär sah, dass er nichts ausrichten konnte, zog er brummend ab.

Ohne Ort.
ZA 202 336

Von der Frömmigkeit – sogar ein Bär respektiert die in der Kirche gehaltene Messe am Sonntag – bis zur Bauernschläue ist hier alles vereint, darüber hinaus erfährt man einiges über die Gelassenheit der Landbevölkerung.

DIE GOLDENE BRAMASCHE

Zwei Geschwister, ein Knabe und ein Mädchen, hatten eine arg böse Stiefmutter, welche die Kinder durchaus nicht leiden mochte und sie auf alle Art quälte und marterte. Obgleich ihr Vater die armen Kinder bedauerte, so getraute er sich doch nicht, seiner Frau zu widersprechen. Er wehrte sich nicht einmal, als sie das Mädchen fortschickte, um die goldene Bramasche zu holen, einen kostbaren, heiß begehrten Schatz, von dem die Stiefmutter wusste, dass er schon viele das Leben gekostet hatte. Diese Bramasche befand sich, so ging die Sage, in einem verwunschenen Schloss und wer so glücklich wäre, sie zu gewinnen, konnte mit ihr nicht nur Macht, Reichtum und Ehre erlangen, sondern zugleich den gewaltigen Zauber lösen, der auf dem Schloss und seinen Bewohnern lastete.

Das nach dem Schatz ausgesandte Mädchen ging, aber kehrte nicht zurück, was der bösen Stiefmutter sehr erwünscht war. Nachdem ein Jahr verflossen war, sandte sie auch den Knaben fort, die goldene Bramasche zu suchen. Sein Vater gab ihm einiges Geld mit, dann machte sich der Junge auf den Weg.

Er war schon eine ziemliche Strecke weit gegangen, da begegnete ihm ein Rösslein, welches sogleich, als es ihn erblickte, stehen blieb. Er ging darauf zu, da begann das Rösslein zu sprechen: „Wohin gehst du? Was hast du vor?“ Als ihm der Knabe Auskunft gab, sagte es freundlich: „Ich kann dir helfen und ich will dein Führer und Ratgeber in diesem schweren Unternehmen sein, wenn du mir nur in allen Stücken vertraust und folgen willst.“ Der Knabe versprach dies, stieg, wie ihm sein Pferdchen geheißen, auf dessen Rücken und so ging es ziemlich rasch vorwärts, ohne dass das Rösslein für jemanden außer dem Knaben sichtbar war.

Nach einem mehrtägigen Ritt kommen sie vor ein prächtiges Schloss. „Hier ist der Schatz, den du suchst, aufbewahrt“, erklärt das Rösslein. „Wenn du diese Treppe hinaufsteigst, wirst du zu einer großen Flügeltür gelangen, welche du mutig öffnen darfst. Dieselbe führt in einen großen Saal, in welchem du viele Damen um eine lange Tafel sitzen siehst, die sich mit Kartenspiel vergnügen. Sie werden dich zum Spiel einladen und dich dazu drängen, aber hüte dich, dich von ihnen dazu verführen zu lassen. Abseits, in einer Ecke des Saales, auf einem kleinen Tischchen wirst du den Schatz blinken sehen in Gestalt eines goldenen Krönleins. Reiße das Krönlein an dich und laufe damit, so schnell du kannst, zu mir heraus, dann wird dir der liebe Gott noch weiterhelfen.“

Der Knabe tut, wie geheißen, und bei seinem Eintritt in den Saal wollen die Damen ihn durchaus zum Kartenspiel bewegen, allein er weigert sich standhaft, mit ihnen zu spielen, und hat insgeheim ein sorgfältiges Augenmerk auf das bezeichnete Tischchen, auf dem ein schwarzes Samtkissen liegt, von dem ihm der Schatz entgegenblitzt. Nur kann er an den Damen nicht vorbei.

Da diese einsehen, dass sie ihn nicht zum Spiel verleiten können, lassen sie von Zeit zu Zeit eine Karte fallen und er soll sie ihnen aufheben. Wie er sich wieder einmal nach einem Blatt unter dem Tisch bückt, bemerkt er mit Schrecken, dass die Damen allesamt Tierfüße haben, sagt jedoch nichts. Denn Blatt für Blatt kommt er um den Spieltisch der Damen herum. Bald ist er in der Nähe des Tischleins mit dem Samtkissen, als wieder einer der Damen ein Kartenblatt nach der Richtung des Tischleins hin herunterfällt.

Er bewegt sich, als ob er das Blatt aufheben wolle, schnell nach dem Platz hinüber, erhascht den Schatz und ist mit einem

Sprung durch die Türe verschwunden, die er ohnehin nur leicht angelehnt hatte. Er fliegt die Treppe hinab, schwingt sich auf sein getreues Rösslein und fort geht es im sausenden Galopp. Noch lange hört er hinter sich im Schloss ein schreckliches Heulen und Winseln und Jammern und Poltern, als ob alle Türen mit Macht auf und zu geworfen würden, aber das Rösslein fliegt mit ihm so schnell dahin wie ein Vogel in der Luft, bis endlich das Lärmen gänzlich verstummt ist.

Der Knabe hat seinen Schatz behutsam in sein Sacktuch eingewickelt, wie ihm das Rösslein geraten hat, und so traben sie etwas geruhsamer vorwärts, bis sie endlich an ein großes Bauerngehöft kommen. Dort hält das Rösslein still und lässt den Knaben absteigen. „Gehe jetzt zu dem Herrn dieses Gehöftes. Er kann dir vollkommen Aufschluss darüber geben, wie du mit dem Schatz weiter verfahren sollst", sagt es ...

Hier endet das Märchen, das uns Schönwerth unvollständig überliefert hat. Im Rahmen einer Klassenarbeit wurde es 2012 von Kindern der Klasse 5d des Gymnasiums Lappersdorf (Landkreis Regensburg) vervollständigt.
Hier die schöne Version von Felix Döring, damals 11 Jahre alt:

Der Knabe ging vorsichtig in das Wohnhaus, suchte die Stube ab, fand den Bauern in einer Ecke und fragte: „Grüß Gott, Herr Bauer, kennst du die Geschichte von der goldenen Bramasche? Was würdest du tun, wenn du die Bramasche hättest?"

Erstaunt schaute der Bauer auf, dann antwortete er traurig: „Ich würde den Zauber lösen, damit ich meine geliebte Frau wieder zurückbekommen würde. Alle anderen verwünschten Leute wären dann auch erlöst."

„Ja, aber wie löst man diesen Fluch?", fragte der Junge neugierig.

„Ich habe einmal von einer alten Hexe gehört, dass auf der Krone ein Edelstein sei, den man eindrücken muss, und danach soll man sich die Bramasche auf den Kopf setzen."

„Danke!", rief der Knabe und rannte blitzschnell aus dem Bauernhaus.

Er nahm die Bramasche aus dem Sacktuch, drückte den Edelstein und setzte sich die Krone auf. In diesem Moment ertönte ein furchtbarer Knall. Das Rösslein verwandelte sich in die Schwester des Knaben, aus dem Bauernhaus wurde ein Herrenhaus und die alten, schrumpeligen Bäume trieben aus und begannen zu blühen. Das Schloss in der Ferne fiel in sich zusammen, doch vorher kamen viele Menschen herausgelaufen.

Der Bruder umarmte liebevoll seine Schwester und sie freuten sich sehr. Gemeinsam rannten sie so schnell sie konnten zu ihrem Elternhaus. Dort trafen sie ihren Vater und die Stiefmutter, die wütend schrie: „Ich gehe und komme nie mehr wieder!"

Gesagt, getan.

Die Geschwister und der Vater feierten ein Fest und sahen plötzlich ihre richtige Mutter die Straße entlangkommen, die auch eine Gefangene des Schlosses gewesen war. Die Freude war riesengroß und glücklich aßen und tranken sie. Und wenn sie nicht gestorben sind, so feiern sie noch heute.

Vohenstrauß.

ZA 202 129

WIESAWITTL UND BLUMENHOLDE

Ein reicher Bauer hatte vier Söhne, die stritten sich schon zu seinen Lebzeiten um das Erbgut, und ehe der Alte es dem Jüngsten, den er am meisten liebte, zusprechen konnte, starb er.

Nun wollte jeder das Gut. Der schönste Anteil desselben aber war eine schöne große Wiese, nahe am Hof.

Da gedachte der Herrscher der Wiese, Herr Wiesawittl, dem Streit der Brüder ein Ende zu machen. Als der älteste Bruder das Heu von der Wiese einbrachte, flog eine Mücke auf ihn zu und sagte zu ihm: „Herr Wiesawittl lässt dir sagen, du sollst mir einen Tropfen von deinem Blut für seine Frau Blumenholde geben!"

Der Angesprochene aber schimpfte auf das Vögelchen: „Du dummes Vieh!" Und schlug auf es los. Dieses war aber noch schneller, stach ihn und flog weiter.

Der zweite Bruder war später auf der Wiese, um Kräuter zu suchen. Da kam eine Motte dahergeflogen und bat ihn: „Herr Wiesawittl lässt dir sagen, du sollst mich ein wenig in deinem Pelzhut schlafen lassen!"

Aber auch der fing zu schimpfen an und schlug nach ihr. Da stampfte die Motte mit den Füßen auf und flog fort.

Später war es der dritte Bruder, der auf der Wiese Pilze suchte, die er sehr gerne aß. Zu ihm kam eine Grille und sprach: „Herr Wiesawittl lässt dir sagen, du sollst mir ein Hanfkorn geben für seine Frau Blumenholde." – „Dummes Vieh, ich hab keins für dich!", rief dieser und schlug nach ihr. Da hüpfte die Grille ab.

Doch dann kam die Zeit zum Ackern und der Jüngste musste pflügen.

Zu diesem kommt auch zuerst die Mücke und bittet um einen Tropfen Blut.

Der Junge meint: „Ich kenne zwar den Herrn Wiesawittl und seine Frau Blumenholde nicht, aber du kannst gern ein wenig Blut haben."

Die Mücke sticht ihn ganz fein und fliegt mit einem kleinen Tröpfchen Blut davon. „Bestelle mir einen schönen Gruß an Herrn Wiesawittl und seine liebe Frau", ruft er ihr nach.

Gleich darauf kam die Motte und will in der Pelzhaube schlafen.

Da sagt der Jüngste wieder: „Ich kenne zwar den Herrn Wiesawittl nicht, aber dort unter dem dreibeinigen Stuhl am Feldrain liegt sie, da kannst du ruhen, solange du willst."

Die Motte schlüpft in die Haube und als sie sich ausgeruht hat, fliegt sie weiter, und der Junge gibt ihr wieder einen Gruß an den Herrn Wiesawittl und Frau Blumenholde mit.

Zum dritten kommt die Grille und bettelt um ein Hanfkorn.

Die Antwort lautet: „Ich kenne zwar den Herrn Wiesawittl nicht, aber fliege nur hin unter das Hausdach, da kannst du so viele Hanfkörner nehmen, wie du willst."

Und die Grille hopst und flattert über die Stiege hinauf und holt sich ihr Hanfkorn. Wie sie wieder herunterhopst, gibt er auch ihr einen schönen Gruß an Herrn Wiesawittl und seine Frau mit.

Abends ruhen sich die Brüder vor dem Haus unter der Linde beim Zirpen der Heimchen in der Wiese und beim Quaken der Frösche im Teich aus.

Da hören sie ein Knistern und Brechen unter der Erde. Diese öffnet sich und heraus steigt Herr Wiesawittl in seiner ganzen Gestalt, so groß wie eine Butterblume, mit goldenem Panzer, silbernem Helm mit wallenden Federn dran und einer großen

Lanze in der Hand. Der sagt: „Einer von euch vieren hat meiner erlauchten Gemahlin Blumenholde und ihren Dienern Gutes getan. Ich bin Herr Wiesawittl, Herrscher über diese Wiese."

Und alles ist still ringsum, solange der Beherrscher der Wiese spricht: Grille und Frosch und alle anderen Tiere.

„Geht morgen, wenn der Kuckuck zum zweiten Mal gerufen hat, auf die Straße. Bei dem großen Stein am Graben werdet ihr vier Eier finden, die gehören euch, teilt sie untereinander."

Mit diesen Worten hebt Herr Wiesawittl sein rechtes Beinchen in die Höhe und stampft auf die Erde.

Dies hört sein Kammerdiener, der Maulwurf. Er wirft die Erde auf, Herr Wiesawittl steigt wieder in sein Reich hinab und lässt die Brüder sehr erstaunt zurück.

Als am nächsten Morgen der Kuckuck zum zweiten Mal gerufen hatte, zogen sie hinaus auf die Straße zu dem Stein am Graben und fanden richtig die vier Eier. Das erste aus Gold, das zweite aus Karfunkelstein, das dritte aus Silber mit Sprüchen in der Sprache der unterirdischen Geister bezeichnet, das vierte wie ein frischgelegtes schmutziges, rechtschaffenes Hühnerei.

Die älteren Brüder griffen schnell zu den wertvollen Eiern, dem Jüngsten blieb nur das Hühnerei.

Sein goldenes Ei knackte der Älteste an einem Stein und es zerflog zu Staub und aus dem Staub wurde ein ganzer Schwarm Mücken, die auf ihn in so großer Zahl zutanzten, dass er entfliehen musste über Berg und Tal, weit nach Norden.

Der Zweite öffnete das Karfunkel-Ei an dem Stein, es zerstob ebenso und aus dem Staub erhob sich ein Schwarm Motten, die den Armen weit, weit nach Westen trieben.

Der Dritte zerstieß sein silbernes Ei gleichfalls an dem Stein. Da zerteilte es sich in tausend Stäubchen und aus diesen wurden ebenso viele Grillen, die ihm immer um die Beine schwirrten und ihn weit, weit nach Osten trieben.

Der Jüngste aber geht mit seinem rechtschaffenen Ei nach Hause und denkt sich: „Zum Essen ist es doch allemal gut."

Und wie er es so in der Hand hält und betrachtet, zerteilt sich das Ei selbst und, siehe, der Herr Wiesawittl steht darin und sagt: „Also du bist der, der den Dienerinnen meiner erlauchten Gemahlin Blumenholde Gutes getan hat! Ich will dich nun dafür belohnen. Das Erbe deines Vaters gehört dir, denn deine Brüder werden von meinen Truppen so weit verfolgt, dass sie niemals mehr nach Hause finden – nach Nord, West und Ost. Doch soll es auch ihnen nicht übel ergehen, denn sie werden sich dort Häuser bauen und große Nachkommenschaft bekommen. Der Älteste soll der Urahn des Geschlechtes der Mückenbolde* werden, der Zweite der Urahn des Geschlechtes der Mottenköpfe*, der Dritte der Urahn der Grillenfänger. Du aber, der meinen Dienern Gutes getan hast, sollst der Stammvater des Geschlechts der Biedermänner sein."

Er stampfte wieder mit dem rechten Beinchen, das hörte die Feldmaus, die gerade Nachtdienst in seinem Gebiet hatte.

Sie grub einen Gang und Herr Wiesawittl verschwand auf diesem mit den Worten: „Lebe wohl, ich werde dich mit Haus und Hof beschützen."

* Mückenbolde: Leute, die alles bekritteln
Mottenköpfe: zuwidere, schwarzsehende Leute

Ohne Ort.

ZA 202 238

Der erstrebenswerte Charakterzug der unbedingten Lauterkeit wird zum Zeitsymbol: Das Biedermeier als Epoche (etwa 1815 bis 1848) war grundsolide, zuverlässig, aber auch langweilig, einengend und oft störrisch im Festhalten an äußerst strenger Tugend und Sittsamkeit. Dass der Jüngste im Märchen als Biedermann gelobt wird, deutet darauf hin, dass diese ungewöhnliche Erzählung wohl mitten im Biedermeier entstanden ist.

PRINZ ROSSZWIFL

Ein armes Mädchen, jung und schön, wollte für die kranke Mutter zum Arzt laufen und war gerade so im Sprunge, dass es beinahe einen Roßzwifl* zertreten hätte. Es hatte Erbarmen mit dem Tierlein, hielt mitten im Sprung inne, prallte zurück und verrenkte sich dabei den Fuß.

Da lag es und weinte und rief: „Wer wird jetzt zum Doktor laufen, o weh! Und meine Mutter stirbt."

„Setz dich auf mich!", brummte etwas von unten herauf.

Das Mädchen erschrak und weinte noch mehr. Aber auf einmal brauste der Käfer unter ihr auf, wurde immer größer, reckte und streckte seine Flügel, hob sie in die Höhe und trug sie wie der Blitz zum Doktor und zum Apothecker, und so wie hin auch wieder heim zur kranken Mutter.

„Vergiss nicht, auch dein Rösslein zu füttern", sagte die Mutter zur Tochter, als sie bei Schwarzbrot und Wasser saßen.

„Ja, wo ist der Roßzwifl hingekommen?", sagte das Mädchen und schaute sich überall um, auch zum Fenster hinaus.

Da sieht es querfeldein einen Reiter heransprengen. „Ach, das ist der blaue Prinz!", ruft die Mutter.

Gleich fliegt auch die Türe auf und der Prinz steht da, glänzt wie neu aus einem Ei geschält und sagt zur Mutter: „Gott Lob! Ich grüße dich!" Und: „Ich bitte dich um deine Tochter, sie hat mich erlöst. Seit Jahren, mehr als Bäume im Wald, lag ich in Staub und Kot, ein Käfer, zertreten, zerfahren, gepeinigt, geschunden, verwünscht und verwandelt als Strafe, weil ich selbst die Tierlein so gequält habe, als ich ein Bub war. Jetzt, Gott Lob, ist der Bann von mir genommen! Gib, ach, gib mir das Mädchen, es ist mein Engel, es hat mich erlöst."

Das Mädchen aber fürchtet sich, wird ganz blass und von den Wimpern fallen die Tränen, ebenso der Mutter.

Da stößt der Prinz das Fenster weit auf und bläst ins Horn. Die Berge tragen den Hall weit über die Wälder, darauf verwandeln sich die Bäume in Menschen, die mit Wagen und Pferden auf das armselige Häuschen zueilen. Es ist der ganze Hofstand des Prinzen, sie alle sind aus ihrer Verzauberung erlöst.

Darüber wurde auch die kranke Mutter gesund, die Wangen der Tochter wieder rosig und in einem prächtigen Zug gingen und ritten und fuhren sie alle auf das Schloss des Prinzen zu.

Noch im selben Jahr wurde Hochzeit gehalten und unter den Gästen waren die glücklichen Tiere: Die Mücken geigten, die Vögel sangen, die Frösche quakten, und alles, Groß und Klein, was Füße hatte, tanzte und sprang.

* Roßzwifl: Mistkäfer

Neuenhammer.
ZA 202 053

DIE HAUSNATTER

(IM ORIGINAL OHNE TITEL)

Ein Bauer hatte einen alten Schweinestall und brach ihn ab, um einen neuen zu bauen. Unter dem Holzboden aber fand er eine Brotbackschüssel und darin eine Menge junger Nattern. Er nahm die Schüssel sachte auf und setzte sie an eine Stelle, wo sie nicht im Wege war.

Nun kommt die alte Natter und findet ihre Jungen nicht, wohl aber einen Krug mit Wasser, in den sie Gift spuckt.

Wenig später findet sie ihre Jungen unversehrt, da kehrt sie um zu dem Krug und schlägt ihn mit dem Schweif in lauter Trümmer.

Die Leute sahen zu und wunderten sich über die Klugheit des Tieres.

Waldau.
203 572

Aus der Gegend um Neuenhammer ist dieser Glaube überliefert: Der „Aoddernküni“ (Ottern- oder Natternkönig) hat eine Krone, rot, blau und grün. Wird er zu Tode verwundet, fressen die Nattern die Krone, damit der Mensch sie nicht findet. Er kann fürchterlich „schwigln“ (pfeifen, z.B. auf der Schweglpfeife), dann laufen alle Nattern zusammen. Wer eine Natternkrone hat, dem wird nichts weniger.

DIE NATTERNKRONE

(ORIGINALTITEL: NATTERN)

Ein Bauer hatte zwei kleine Kinder. Immer wenn er fortging und im Haus keiner mehr von den großen Leuten war, stellte er ihnen eine Schüssel voll Milch mit eingebrocktem Brot auf den Tisch. Das sollten sie essen, wenn sie hungrig wurden.

So oft sie aber gemeinsam aßen, kam die Hausnatter dazu, machte sich zu ihrem Gast und leckte mit den Kindern das Schüsselchen leer.

Der Bauer wunderte sich, dass alles so sauber ausgegessen war, wann immer er heimkam, und fragte: „Habt ihr denn genug vom Essen?" – „Es reicht uns schon, Vater", sagten die Kinder. „Es kommt auch immer ein kleines Vögerl dazu und isst mir uns."

Am nächsten Tag bleibt der Bauer daheim, wartet und belauscht die Kinder.

Es kommt aber gar kein Vögelchen zu ihnen, sondern eine Natter, die eine Krone auf dem Kopf trägt.

Wie sie wieder fort ist, spricht er mit seinen Kindern und weist sie an, ein Tüchlein auf den Tisch zu legen, wenn die hungrige Natter sich das nächste Mal nähert, und dann hinauszugehen.

So tun sie es am nächsten Tag und die Natter lässt ihre Krone auf dem Tuch liegen.

Der Bauer nimmt sie und steckt sie in den Kornhaufen im Stadl. Von da an wird das Korn nicht weniger, so viel er auch davon nimmt.

Einmal aber fährt er zum Kornmahlen auf die Mühle, da ist aus Versehen das Krönchen in einen der Säcke gefallen. Nun ist der Zauber mit dem Kornhaufen vorbei.
Bestürzt lief der Bauer zum Müller und fragte nach dem Krönchen. Da begriff der Müller, warum er mit dem Mahlen des Korns vom Bauern gar nicht mehr fertig wurde.

Er gab das Krönchen zwar nicht heraus, der Bauer durfte aber von nun an Mehl holen, so oft er wollte, und das, ohne zu zahlen.

Waldau.

ZA 203 571

Jedes Haus hat eine Natter, die Hausnatter,
die bringt dem Haus das Glück.

Nattern sind Schatzhüterinnen.
Sie können heilen, Gifte ausziehen.

Wenn sich die Kronnatter badet, legt sie ihre Krone ab.
Wer sie nimmt, der wird von allen Nattern,
die auf das Pfeifen der Kronnatter zusammenkommen,
bis in sein Haus verfolgt und mit Mensch und Vieh so lange
gequält, bis man die Krone wieder an ihren Platz bringt
(Volksglaube: Waldmünchen, ZA 203 580).

DER RATTENFÄNGER

(IM ORIGINAL OHNE TITEL)

In einem Dorf gab es so viele Ratten, dass sich die Leute gar nicht mehr zu helfen wussten. Da kam ein fremder Mann und erbot sich um guten Lohn, das Ungeziefer zu vertreiben, und alle waren einverstanden.

Darauf zog der Mann ein Pfeifchen heraus, fing zu pfeifen an, und siehe, alle Ratten des Dorfes liefen hinter ihm drein. Er führte sie in einen großen Teich, wo sie allesamt ertranken. Darauf ging er ins Dorf zurück, um den versprochenen Lohn zu holen.

Die Bauern aber wollten ihn nicht ganz auszahlen, denn die Arbeit war ja nicht schwer gewesen. Verärgert zog er wieder sein Pfeifchen hervor und pfiff darauf, worauf ihm alle Kinder des Dorfes nachliefen.

Unter diesen Kindern war auch ein Knabe, den ein böses altes Weib zuvor in den Wald geschickt hatte, ihr einen Korb voll Erdbeeren zu pflücken. Er war davon müde geworden, hatte sich ein wenig hingelegt und war eingeschlafen. Währenddessen war ein Männlein gekommen, hatte den Korb mit den schönsten Erdbeeren gefüllt und dem erwachten Knaben ein Schächtelchen gegeben, das er gut verwahren und nur in der größten Not öffnen solle.

Als der Knabe nun den seltsamen Zug mit allen Dorfkindern an sich vorbeiziehen sah, rannte er ihnen mit seinem Schächtelchen hinterher.

Der Pfeifer führt die Kinder zu einem großen Berg und öffnet eine schwere Türe. Alle müssen hinein und die Tür schließt sich wieder hinter ihnen. Als ringsum nur noch Finsternis ist, fürchteten sich die Kinder sehr, aber ihre Schreie verhallen ungehört. Allein der Knabe ist still, denkt an sein Schächtelchen und macht es auf.

Da fliegt ein alter Käfer heraus und schwirrt einige Zeit suchend herum. Zuletzt bringt er einen Schlüssel und sagt zum Knaben: „Damit sollst du den Berg öffnen und deine Gefährten wieder ans Tageslicht bringen."

So kommen die Kinder wieder aus dem Berg.

Sie wissen aber nicht, wo sie sind, denn sie sehen nur fremdes Land um sich, weit von der Heimat entfernt. Also machen sie sich auf die Suche nach dem Nachhauseweg.

Plötzlich steht da ein hoher Felsen mit einem verwunschenen Schloss oben darauf. Der Knabe lässt wieder seinen Käfer fliegen. Dieser scharrt ein wenig die Erde auf, holt daraus den Schlüssel zur Burg und bringt ihn zum Knaben.

Als der das Burgtor öffnet, steht drinnen der König mit einer wunderschönen Prinzessin am Arm und einer Menge von Hofdienern.

Und der König sprach zum Knaben: „Ich danke dir für unser aller Erlösung. Der alte Käfer, der euch geholfen hat, das war ich, und du hast mich von dem Zauber erlöst. Für deine Hilfe sollst du dereinst meine Prinzessin zur Frau bekommen."

Und so geschah es auch.

Tirschenreuth.

ZA 202 765

In der bekannten Fassung der Gebrüder Grimm schließt das Märchen vom Rattenfänger mit der ewigen Gefangenschaft der Kinder im Berg; sehr ungewöhnlich, so traurig enden Märchen normalerweise nicht. Bei Schönwerth gibt es einen glücklichen Schluss, an dessen Ende der Märchensammler vermerkt hat: „Dies geschah auch in der Oberpfalz." Damit weist er die Geschichte als Wandermärchen aus, das von Erzähler zu Erzähler weitergegeben und in vielen Regionen bekannt wurde – nicht nur im niedersächsischen Hameln, der berühmten Rattenfängerstadt.

Käfer zählen zu den ältesten Lebewesen unserer Erde, die bislang ältesten Funde fossiler Käfer stammen aus dem Perm und sind somit etwa 265 Millionen Jahre alt.

DIE KRÖTE IM SCHLOT

(IM ORIGINAL OHNE TITEL)

Der Sohn eines armen Hirten wurde auf einmal so reich, dass kein Mensch wusste, wo er seinen Reichtum herbrachte. Erst kaufte er einen ganzen Bauernhof und hatte viele Dienstboten. Dann wurde er immer noch reicher und bekam so viel, dass er gleich drei Bauernhöfe kaufte. Unbarmherzig ließ er seine Dienstboten schuften, sie konnten ihm nicht genug arbeiten und mussten oft die Nacht zu Hilfe nehmen, um alles fertigzubringen.

Einmal sagt er an einem Pfingstsamstag zu seinen Leuten: „Morgen könnt ihr schon länger schlafen als sonst."

Da denkt ein Knecht: „Das muss ich sehen, warum."

Er legt sich also nicht schlafen, sondern stellt sich in einen dunklen Winkel des Schuppens.

Da kommt wirklich der Bauer auf einem Geißbock angeritten, mit Sicheln an den Füßen.

Er war ein Bilmesschneider!

Jetzt wussten alle, woher der Reichtum kam, und die ganze Nachbarschaft war entsetzt. Der Knecht aber beobachtete zu der Zeit viele Kröten im Haus und im Hof.

Da nimmt er eine von den Kröten, spießt sie an einer Gabel auf und hängt sie in den Kamin. Er vergisst aber, sie auch wieder herauszuholen.

Ein paar Tage danach hört er die Kinder des Bauern weinen und schreien: „Unser Vater stirbt!"

Auf die mitleidige Frage, was ihm fehle, antworten die Kinder: „Es hat mit der großen Zehe angefangen und ein paar Tage später war er schon eine Leiche."

Und die Kröte war verschwunden aus dem Kamin.

Ohne Ort.
ZA 202 677

Der Bilmesschneider ist ein gefürchteter Ernteschädiger mit Sicheln an den Füßen, mit denen er das reife Korn zum Schaden des Bauern beschneidet. Oft meinte man einst, dass ein missgünstiger Nachbar ein Bilmesschneider sei, und man wusste den bösen Geist mit einem Gegenzauber kenntlich zu machen und zu bestrafen.

Die Kröte kann eine glückbringende Hausgenossin sein mit zauberischen Kräften. Hier ist sie ein Untier, das mit dem Teufel in Gestalt des Bilmesschneiders in Verbindung steht. Erst wenn die Kröte als Stellvertreterin des Bilmesschneiders getötet ist, gibt es Ruhe.

„Im großen Zeh liegt das Leben", heißt es in der Volksmedizin. Diabetiker kennen dieses Sprichwort und die Gefahr, die es anzeigt, gut.

JODL, RUTSCH MIR NACH

Ein alter Bauer hatte zwei Söhne, Michl und Jodl. Der Vater liebte Jodl wegen seiner Warmherzigkeit mehr, wenn er auch nicht so klug war wie sein älterer Bruder.

Nun wollte er sich zur Ruhe setzen und daher sein ganzes Hab und Gut, Hof und Feld an seine Söhne verteilen. Doch Michl wollte von einer Teilung nichts wissen und bestand auf seinem Recht als Älterer, den ganzen Hof zu bekommen. So kam es zu Streit, bis endlich der Vater die Bedingung stellte: „Wer von euch beiden mir das schönste seidene Tuch bringt, der soll allein den ganzen Hof erben."

Michl, sich auf seine Klugheit verlassend, war des Handels zufrieden und zog gleich los, um sein Glück zu suchen, während Jodl, der noch nie von Zuhause fortgegangen war, sich ganz verstimmt vor das Haus setzte, auf die Bank dem Mist gegenüber.

Wie er nun in Gedanken versunken da sitzt, hüpft eine Kröte herbei und fragt ihn: „Warum bist du denn gar so traurig?"

Jodl sieht erstaunt hin, will aber keine Antwort geben. Da ermuntert ihn die Kröte, ihr seinen Kummer doch mitzuteilen. Jodl aber meint, sie sei ein zu garstiges Tier und könne nicht helfen. Die Kröte besteht darauf, dass sie seinem Anliegen weiterhelfen könne. So sagt er ihr endlich aufs dritte Mal seinen Kummer. Dass sein Bruder, der Michl, ganz sicher den Hof erhalte, da er nicht wisse, wo man das schönste seidene Tuch bekomme.

Da tröstet ihn die Hutsch*, dass sie Rat habe, und verlangt: „Jodl, rutsch mir nach, dann besorge ich dir das schönste seidene Tuch."

Das will Jodl wieder nicht, weil seine Kleider ja vom Boden voll Schmutz werden würden.

Die Kröte aber lässt nicht ab und so rutscht er ihr endlich nach in einen nahen Wald zu einem schönen Haus, dessen Tür sich augenblicklich öffnet.

Das kleine Tier hüpft hinein und die Treppe hinauf in einen schönen weiten Saal, setzt sich aufs Kanapee und ruft: „Mäuschen von Schwaben!“ Da läuft ein Mäuschen herein und antwortet dienstfertig: „Was befehlen Euer Gnaden?“ – „Bringe die Truhe mit den schönen seidenen Tüchern!“

Sofort bringt das Mäuschen die Truhe, die Kröte sucht das schönste Tuch heraus und gibt es dem Jodl, der ganz vergnügt nach Hause eilt.

Als er auf den Hof kommt, ist der Michl schon da mit einem ganz schönen Tuch. Die Brüder vergleichen ihre Tücher miteinander und dem Jodl seines ist doch noch schöner.

Da lässt Michl die Wette nicht gelten und verlangt vom Vater eine neue Aufgabe. Der setzt fest: „Bringt mir Tuch für eine neue Jacke!“

Michl ist wieder schnell fort auf dem Weg, Jodl aber hockt traurig auf der Bank. Da kommt die Kröte wieder. „Jodl, rutsch mir nach!“, verlangt sie zum zweiten Mal von ihm: Und er bekommt in ihrem Haus abermals das schönste Stück Wollstoff.

Wie nun Jodl das zweite schönste Tuch heimbringt, wird Michl sehr zornig, und weil aller guten Dinge drei sind, verlangt er vom Vater noch eine dritte Aufgabe. Dieser überlegt und sagt: „Wer die schönste Braut bringt, bekommt den ganzen Hof.“

So saß Jodl zum dritten Mal unentschlossen vor der Tür. Abermals blieb die Hutsch nicht aus, Jodl aber wollte sie gar nicht mehr einweihen, denn bei dieser Aufgabe könne sie ihm bestimmt gar nicht helfen. Die Kröte gab nicht nach und wiederholte: „Jodl, rutsch mir nach!" Und er tat es.

Bei dem schönen Haus wieder angekommen, befahl die Kröte dem Jodl: „Pass gut auf und tu alles, was ich dir sage! Wasche mich und lege mich ins Bett. Dann wasche dich und lege dich zu mir!"

Mochte Jodl Vergnügen daran haben oder nicht, er musste ihr folgen.

So wusch er sie, legte sie ins Bett und sich zu ihr hinein. Es schauderte ihn wohl, so nahe an dem hässlichen Tier zu sein. Doch legte sich bald Müdigkeit auf seine Augen und er schlief friedlich ein.

Als er am anderen Morgen erwacht, blickt er im Zimmer herum: Es ist zu einem herrlichen, glänzenden Saal geworden!

Neben ihm liegt eine wunderschöne Jungfrau und schläft.

Er sieht zum Fenster hinaus, da ist das Haus in ein großes Schloss verwandelt und vor ihm liegt eine herrliche Gegend. Er läutet und herein stürzen Bediente, auch das Mäuschen, das sich in eine Kammerfrau verwandelt hat.

Jetzt erhebt sich auch die hübsche Jungfrau neben ihm. „Du hast mich von dem Zauber, in den ich gebannt war, erlöst, Jodl. Zum Dank sollst du meine Hand und mein ganzes Hab und Gut haben. Wenn du das willst."

Doch Jodl weiß gar nicht, was er anfangen soll.

Also spricht ihm die Jungfrau ein letztes Mal Mut zu, und er nimmt ihr Angebot doch mit Freuden an.

Gleich wurde angespannt und Jodl fuhr mit seiner schönen Braut bei seinem Vater vor. Da war Michl sehr traurig, denn

auch er hatte ein hübsches, nettes Landmädchen von seiner Fahrt mitgebracht.

Doch wandelten sich seine Tränen bald in Freude, als Jodl ihm erklärte: „Brauchst nicht enttäuscht sein, Bruder, du kannst auf dem Hof bleiben, denn ich bin jetzt reich genug."

Der Vater war voll Freude, dass sein Jodl so gut versorgt und auch sein Michl zufrieden war. Er zog zu seinem liebsten Sohn ins Schloss und lebte mit allen dort froh und zufrieden.

* Hutsch, Hetsch: Kröte

Ohne Ort.
ZA 202 991

Kröten haben einen widersprüchlichen Ruf:
Einerseits heißt es, sie würden über Mensch und Tier wachen;
sie dürfen weder verjagt noch getötet werden, sonst kommt über
das Vieh im Stall Unglück oder Feuer über das Haus.
Andererseits sollen sie dem Teufel angehören.

Ihrer Form wegen sieht man in der Kröte auch ein
Fruchtbarkeitssymbol. Votive aus Wachs oder Silber in Krötenform
sollen bei Frauenleiden und Kinderwunsch helfen.

Die Geschichte hier stammt wohl aus Tuchmachers- oder
Händlerkreisen. Sie gehört zum Typus
„Tierbraut, Tierbräutigam".

DER TOTENVOGEL

Der Totenvogel, auch Toten-Eulerl, Grauvogel, Sterbvogel genannt, ist ein kleiner grauer Vogel, der gewöhnlich abends beim Gebetläuten von einem Baum oder dem Dach herab ruft und sich dann ans Fenster setzt. Sein schneller Ruf ist: „Mit, mit, mit!“ Und wo er zu hören ist, stirbt jemand. Nur der Betroffene hört ihn nicht.

Er ist verschieden gezeichnet: einmal als weißer Vogel wie eine Lerche. Er setzt sich vor das Fenster des Kranken, schwarz mit einem Schweif wie die Bachstelze. Er trägt ein weißes Band um den Hals oder ein schwarzes Kreuz auf dem Rücken oder einen Totenkopf auf den Flügeln ... Anderswo ist er ein Käuzchen, das klagend aus der Nähe ruft.

Auch als Schmetterling, Totenfalter, Leichenvogel zeigt sich der nahende Tod.

Vielerorts bekannt.

SSO I, S. 271 f.

*

Ein Bauer und sein Knecht gingen ins Holz. Sie schlugen einen Baum; da lockte der Totenvogel: „Mit, mit, mit!“

Der Bauer hörte es und sagte zum Knecht: „Horch, der Totenvogel ruft, da stirbt einer aus der Nachbarschaft!“ Der Knecht aber hatte nichts gehört.

Sie sägten den zweiten Baum um; im Fallen erschlug er den Knecht.

Ohne Ort.

SSO I, S. 270

Ein anderer Todesbote, das Erdhennl, hält sich unter dem Herd, dem Ofen, dem Stubenboden, dem der Bettlade oder gar unter der Erde auf und zirpt, zwuitzt, quuitzt, wuiserlt, kräht wie ein junges Huhn – ein Küchlein, das aus dem Ei springt – und zwar nur nachts. Man hat es nie gesehen. Es ruft nur dreimal.

Anzeichen für den nahen Tod eines Menschen gibt es in den Aufzeichnungen Schönwerths viele: Katzen und Hunde schleichen winselnd durchs Haus, Hennen krähen, eine Nachteule sitzt am Fenster, das Vieh brüllt und reißt sich von der Kette los – oder der Totenvogel, ein mehliger Schmetterling, flattert ums Licht. Im Zimmer hört man Kugeln rollen, Schläge, Schnalzen, Klopfen, Tritte, Fenster klirren, die Hausglocke läutet heftig, Messer und Gabel bewegen sich in der Schublade, die Tür geht auf und niemand kommt herein …

Pferde sollen Nähe von Geistern verspüren. Sie wollen dann nicht mehr vorwärtsgehen und bäumen sich auf, zittern an allen Gliedern; sie ahnen auch den Tod ihres Herrn und werden eine Zeit vorher traurig.

Das alles deutet darauf hin, dass die Menschen noch im 19. Jahrhundert den Tod als etwas klar Greifbares, Erfassbares, betrachteten. Hellsichtige Tiere waren oft beteiligt als Mahner, Rufer, Tröster. Vielleicht sollten auch wir moderne Menschen uns daran einmal wieder erinnern.

DER TOD UND DIE BIENEN

In Premsthal bei Falkenstein ist mir erzählt worden, dass in einem sehr kalten Winter der alte Großvater gestorben ist. Er hatte noch einige Bienenvölker gehabt, die anderen waren bereits Eigentum des Nachfolgers. Bei der Beerdigung am offenen Grab mit Blumen rundum kamen ganz viele Bienen geflogen, setzten sich auf die Blumenkränze und ließen sich nicht vertreiben. Am nächsten Morgen waren alle erfroren, die noch dem alten Bauern gehört hatten.

Ich sagte zum jungen Bauern: „Habt ihr denn den Bienen nicht gesagt, dass ihr Herr gestorben ist?" – „Woher weißt denn du das?", war die entsetzte Antwort.

Ich wusste aus alten Schriften, dass man es den Bienen und den Tieren im Stall melden muss, wenn der Herr gestorben ist, sonst müssen sie alle auch sterben.

Erika Eichenseer

Dazu Schönwerth: Ist es aber der Herr des Hauses, der gestorben ist, so muss man seinen Tod allen Tieren des Hauses ansagen; man geht in den Stall und treibt das Vieh mit dem Spruch auf: „Wisst ihr, Ochsen, Kühe usw., euer Herr ist tot!" Ein Mitglied des Hauses geht in den Garten und klopft mit demselben Spruch an jeden Bienenkorb. Wenn der Hausherr stirbt, so stirbt auch „der Bien" ab aus jäher Angst über den Tod ihres Herrn.
(SSO 1, 249)

QUELLEN

Quellen der Märchen

ZA = Zentralarchiv der deutschen Volkserzählung. Universität Marburg, Institut für Europäische Ethnologie/Kulturwissenschaft.

SSO = Franz Xaver von Schönwerth: Aus der Oberpfalz. Sitten und Sagen. Band 1, 2, 3. Augsburg 1857, 1858, 1859.

Winkler = Karl Winkler: Oberpfälzische Sagen, Legenden, Märchen und Schwänke. Kallmünz 1935, 1960, 2009.

Sonstige Quellen

Handwörterbuch des deutschen Aberglaubens in 9 Bänden. Berlin und Leipzig beginnend 1927.

Andreas Ringholz, 1. Vorsitzender des Heimatkundlichen Arbeitskreises Waidhaus e.V. und Ortsheimatpfleger des Marktes Waidhaus: Der Pfrentschweiher. Eine historische Abhandlung (hier: S. 108 ff.).

Leonore Böhm: Aufzeichnungen zur Befragung von Dialektsprechern nach seltenen Begriffen, v.a. botanischen Besonderheiten und historischen Pflanzen.

DIE SCHÖNWERTH-MÄRCHENREIHE VON ERIKA EICHENSEER

Der Klappermichl
Schauermärchen aus Bayern

Das rote Seidenband
Liebesmärchen aus Bayern

Alle Bände der Reihe:
Hardcover mit Schutzumschlag und Leseband, zwischen 104 u. 128 Seiten, veredelt mit den Illustrationen, Holz- oder Linolschnitten namhafter bayerischer Künstler

DIE SCHÖNWERTH-MÄRCHENREIHE VON ERIKA EICHENSEER

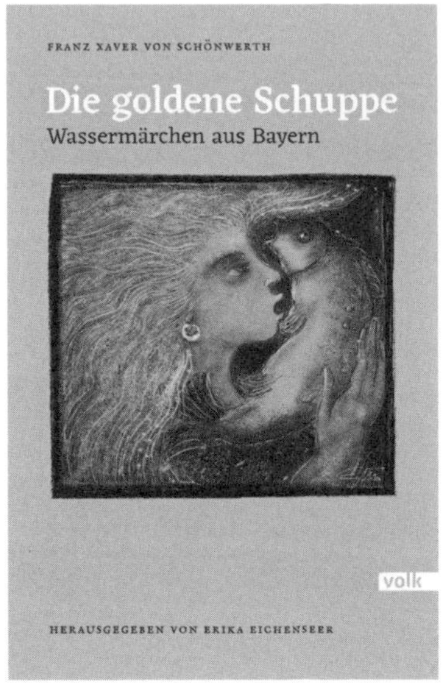

Der singende Baum
Waldmärchen aus Bayern

Die goldene Schuppe
Wassermärchen aus Bayern

Alle Bände der Reihe:
Hardcover mit Schutzumschlag und Leseband, zwischen 104 u. 128 Seiten, veredelt mit den Illustrationen, Holz- oder Linolschnitten namhafter bayerischer Künstler